無力の道

アドヴァイタと12ステップから見た真実

ウェイン・リカーマン 著

阿納仁益 訳

THE WAY OF POWERLESSNESS

ADVAITA AND THE 12 STEPS OF RECOVERY

WAYNE LIQUORMAN

ナチュラルスピリット

THE WAY OF POWERLESSNESS
by Wayne Liquorman

Japanese translation published by arrangement with
Advaita Press through The English Agency(Japan)Ltd.

スコッティーズとスプラッシュ※にいる皆に捧げます。
彼らは平安に生きる方法を私に教えてくれました。
それは私が最初からずっと探し求めていたもの……

ありとあらゆる間違ったところで。

※ 共に『AA』（9ページ参照）のミーティングで使用しているレストラン。

私のありきたりの奇跡は
死の淵から
光へと生還した
ごく普通の復活です。

ウェイン
断酒第一週目
一九八五年六月

目次

親愛なる読者に

あなたがこの本を開いてこのページに目を通している姿を、私はここに座りながら想像しています。あなたはスピリチュアルの探求者（既にアドヴァイタという基本的な非二元《ノンデュアル》の見方に馴染んでいる）かも知れませんし、たくさんある12ステップのプログラムの一つを通して回復の道を歩んで来られた方かも知れません。あなたがどちらかに当てはまっていても、両方に当てはまっていても、あるいは全く当てはまらなくても、あなたを心から歓迎し、この本の旅路が心地良く有意義なものとなるようにと願っています。この旅路は、進むにつれていつまで続くのかもわからず、時には難し過ぎると感じるかも知れませんが、最終目的地はいつもあなたがいるまさにここなのですから、独特なものと言えるでしょう。

この本を手に取ったことですら、自分が何か変人になったかのように感じるかも知れません。無力ということが救いの鍵となるのではと感じさせるような何があなたに起きたのでしょうか？

無力！　一見すると希望がほとんどない状態を表すゾッとする言葉です。それは死とほぼ同義で、力がないことの究極の状態です。この社会では大抵、無力はある種の病として治療され克服されるべきものとされています。

もしあなたの無力についての考え方がかつての私のようであれば、人生の問題への打開策はもっと力を得ることであり、少しも失っては駄目だと感じているでしょう。個人は無力だという全面的な認識からのみ人生での永続的な安らぎが生まれるという主張は、一見すると直感に反していてあまりにもくだらなく思えます。それでも、個人の無力についての認識で得られる自由を発見するのが、この本に書いてあることのすべてです。

『アルコホーリクス・アノニマス（匿名のアルコール依存症の人たち：略称『ＡＡ』）』（176ページの案内参照）の12のステップを通して、個人の無力から生まれる安らぎへの最初の理解が私にもたらされました。その後、道教、禅、スーフィズム、アドヴァイタ、ユダヤ教やキリスト教の多くの神秘主義の著作にある非二元のスピリチュアルな教えに共通した原理を見出しました。言い換えると、この考えは少しも新しいものではないのですが、歴史を通じて人類にとって容易には受け入れ難いものでした。そこでこの本の中では、多くの人にとってこの個人の無力を受け入れるのが難しい理由についても探っていきます。

この本を読み進めていく力が自分には十分に与えられているのがわかると、自分が最初からずっと本当は無力だったことに気づいて驚くでしょう。また、人生の苦しみは、コントロールする力を持っているという錯覚の直接的な結果だということがわかり始めるでしょう。自分と世界についての真実に気づくと、自他が調和した状態で生きることができます。恩寵によって、人生が実際どのようなものかというビジョンに目覚め、それに伴い必ず平安も見出します。

それが今、あなたを見出しますように。※

ウェイン・リカーマン
カリフォルニア　ハモサビーチにて
二〇一二年七月

※ 人が苦悩から解放されることを願う著者独自のメタファーで、すべては名状しがたい源の動きによることが暗示されています。

エディターズノート

私に力があれば、『無力の道』は、どんな形であれ他人とぶつかった経験がある大人、特にこの私とぶつかったことがある大人の必読書だと宣言するでしょう！　しかし私にはそんな力はなく、自分自身をコントロールする力すら持っていないので、世の中が協力することはまずないのも知っています。それでも、この本への関心をしっかりと引くために何かができるだろうという望みを捨ててはいません。偉大な力の存在を知ることと、個人の無力を認識することは矛盾しているように見えますが、『無力の道』はそれを見事にぴったりと調和させるのです。

私がこの本をどれほど大切に思うようになるか、思い及びませんでした。ウェインが初めて私にこの話をしてくれた時、私は12のステップに少しも興味はありませんでしたし、ウェインと一緒にこの仕事を始めた時でも、この本が私の人生にどれほど深淵で美しい影響を与えるのか思いもしませんでした。だから私はウェインと源にずっと感謝し続けるでしょう。

私は過去も現在も個人的に依存症と言えるものが幾つかあるのに、ステップが自分に必要だとは思っていなかったことに驚いています。また、強い欲望や依存症（行動と思考の両面での）が、スピリチュアルな理解を深める手段になり得るとは思いもしませんでした。

特に頭がはっきりした回復の瞬間に恵まれたのなら、依存症はスピリチュアルな洞察を見出せる驚くほど肥沃な場所となります。そして私たちには、愛情深くユーモアに溢れ、夢中にさせてくれる案内人《ガイド》のウェインがいます。この本では、彼の純粋な慈悲や、誤った認識に侵食していく能力、究極の理解が輝きを放っています。あたかも彼が手を広げて「こっちへ来て私の手を取ってごらん、あなたと一緒に歩いて行くよ」と言っているようです。そしてこの本を通じて、彼は「生ける教え」を行っています。

12のステップでのアドヴァイタという構想（もしくはアドヴァイタでの12ステップという構想）はかなりの成果をあげました。無力という不可解な力を言語化するのは最終的には無理なことです。でもこの本の言葉は単なる概念にとどまっていません。私たち自身をスピリチュアルに理解するために最も近付きやすい入口をどこにどのように見つけるのかに関して、この本の言葉は効果的な助言となっています。

あなたがこの本を手に取ったのが単なる興味からか、スピリチュアルな探求者だからか、あるいは12のステップを既に体験されたからかにかかわらず、あなたを導いたのは「恩寵」なのです。この本を本棚に戻した後も、行間に含まれる叡智には限界がないので、あなたを導き愛し多くを与え続けてくれるでしょう。

ドーン・サルヴァ
二〇一二年七月

12のステップ

私は『アルコホーリクス・アノニマス』の12のステップが大好きです。12のステップは偉大な芸術と同じように素晴らしい感覚を私に与えてくれます。良い面も悪い面も兼ね備えたままで、今この瞬間にいながら自分のありのままの姿で心地良く生きる方法を教えてくれます。この世にこれと似たようなものは全くないでしょう。

見かけとは違ってシンプルなこの12のステップは、在ること（What Is）と共に日一日を生きるための青写真を含んでいます。この「在ること」というのは、人生はどうある「べき」かという私たちの意見ではなく、実際に起きている（happening）ままの人生を指しています。またこのステップは、人知を超えた平安へと導くスピリチュアルな目覚めに通じていることでも知られています。

かなり多くの人々にとって非常に重要な物事に相応しく、12のステップに関する本も数多く書かれています。私はさらに新しい何かや有意義な考察を付け加えられるとは思っていませんが、これまで長い間このステップに親しんできたので、私の役割であるアドヴァイタ（ヒンドゥ教の古い流派の一つで、すべての物事は一体性《ユニティ》であるという非二元論でも知られる）の教師という別の視点から書こうとうずうずしています。ただ、アドヴァイタや非二元論の教えについて知らなくても心配することはないですし、言われるほどその教えは難解でもなく、大変でもありません。それどころか、それらの言葉を知らないだけであって言葉が示している内容は既に知っていたとわかるでしょう。この本を通して、アドヴァイタと12のステップが一つのシンプルで基本的な真実を示しているのも見出すでしょう。それは、個々としての私たちは全面的に完全に無力だということです。

ところで、ここまでの話にあなたが同意できなくても問題ありません。むしろ私の話を全部確かめて欲しいと思っています。一見すると、私たちは確かに力を持っているように見えますが、より注意深く確かめると、あなたが用いたどんな力でも自我よりも偉大な力から来ているのを認識するようになります。言い換えると、力はあるのですがあなたのものでは全くなく、それはあなたに貸し出しされているのです。ただし「自我」よりも偉大なこの力が、誰のどのようなものかが明らかになるには時間がかかるかも知れません。12のステップとアドヴァイタは、個人としての自己よりも偉大なこの力の持つ理解しがたい深みを見出す過程の手助けとなる道具なのです。

「ビッグブック」として親しまれている『アルコホーリクス・アノニマス』という題の本が一九三九年にこの世に出てから、本の中に書かれているステップは他のタイプの依存症からの回復などにも幅広く適用されてきました。このプログラムの要素の一つでまさに鍵を握るものは、間違いなく個人の無力を認めることです。最初は人生で問題を起こす一つの物事や振る舞いに関して、最終的にはすべてに関して無力を認めることになります。

力、コントロール、そして自制の三つは人が求める聖なる三位一体と言えます。この三つを手に入れられるという幻想に騙《だま》されて、それらが手に入れば欲しいものを何でも創造できるようになり、人生は完璧になるだろうと私たちは信じます。しかし、「ビッグブック」はこの前提を支持しません。私たちはしつけができていないという事実を踏まえ、「神が私たちをしつけられるままに」[1]と記載されています。続けて、私たちは無力であり人生を思い通りに(コントロール)できないと気づくことが、真の力への鍵になると記載されています。これは従来の人の知恵と真っ向から対立します。無力についてこんなに大胆な表現がありながらも、それが妨げとはならずに今も12のステップのプログラムが隆盛であるのに私は驚きを隠せません。

依存症のある人、強迫神経症の人、ある種のスピリチュアルな探求者の誰もが驚くべきものを持っています。個人の力という幻覚を見抜く驚くような可能性を皆備えているのです。そしてこの可能性は、結局自分を問題へ引き摺り込むことがわかっていても、堪え難い衝動にいつも突き動かされて何かをしてしまうという自分の人生経験から生まれて来ます。

匿名であること

匿名であることについて一言述べておきましょう。『アルコホーリクス・アノニマス』とそこから派生した多くの組織は、すべて匿名でプログラムを行っています。これらのプログラムのメンバーは公共の場において個人の匿名を保つことになっています。これは尊重すべき伝統であり、多くある実益の一つです。従って、私は12のステップの会員だとは主張しませんが、確かに幾つかの資格があることはおいおいわかると思います。

ここで自己紹介をさせてもらうと……私はある種の豚です。最近はそれほどではありませんが、十六歳から三十五歳までの人生の主な使命はもっと得ることでした。自分が好きなものは何でももっと欲しく、中でも一番欲しかったのは薬物とアルコールで、私はその両方とも大量にやっていました。自分の中に大きな穴が空いていて、それを必死に埋めようとしているかのようでした。嫌というほどやると、時にはその穴の縁まで埋まり、満足と安らぎに包まれて、この上なく幸せな瞬間が訪れることもありました。でもその穴は底が漏れていて、何を入れようとあっという間になくなってしまい、いつものまた空っぽの感じがやって来て、もっと欲しくて堪らなくなります。私の人生の悲劇は続き、もっとは決して満たされませんでした。

　アルコールと薬物の依存症だった期間の最後には、かつては上手くいっていた仕事も立ち行かなくなりました。結婚は死んだようなものでした（私たちは死骸の周りで期待を持って踊っていたのです）。肉体的にも感情的にも、私の姿を妻や二人の子供に見せたくありませんでした。何しろ手首や足首がアルコール依存症の浮腫で膨れ上がるまで私の体調は悪化し、膀胱を上手にコントロールできずに尿漏れが続き、パンツの中に束にしたトイレットペーパーを入れて何とか持ちこたえていたのですが、この即席のおしめは三十分程度で代える必要がありました。一日の大半をできる限り地元のバーで過ごしていました。太陽がかなり上った頃に、震えを止めるためにコーヒーにラム酒を混ぜたものでその日をやっと始めると、粉状のコカインを「限界まで」ずっと鼻から吸っていました。毎朝歯を磨こうとすると、歯ブラシで空嘔吐《からおうと》が起きていました。

　そんな状態でも私が「いや大丈夫、何も問題ない。酒を飲んだり薬物を吸うのを楽しんでいるけれど、ちゃんとコントロールしているよ」としか言わなければ、私が完全に現実から目を背けていたことがあなたにはわかるはずです。文字通り私は内側が砕けていたのですが、それがわかりませんでした。断酒するという思いは全く考えられなかったのです。**そんなの必要ない！　問題ないんだ！**　さらに、酒を飲まず薬物もやらない人が周りにいることに私は耐えられませんでした。彼らは明らかに退屈でしらふのつまらない生活をしていたので、質の高い生活がどういうものかをまるでわかっていません。私がこの世で最も避けたかったのは、彼らの一人になることでした。

断酒に必要となるものは、ただ意欲だけだと言われています。それは正しいのでしょうが、でも私の場合は、とにかくそれが「私の」意欲ではなかったのは疑う余地がありません。実際（簡単に言えば）、二つの劇的な人生の転機に際して、私の望みや願いや意欲は何も役立ちませんでした。私の体験では、回復に必要となるものは恩寵のみです。もっと抵抗なく言えば、回復とは恩寵そのものです。恩寵というこの美しい言葉を辞書では、神からの過分な寵愛と定義しています。

「過分な」が意味するのは自分がそれに値しなかったり相応しくないということです。「寵愛」とは結果が明らかに肯定的な物事だったことを意味します。「神からの」とは独立して力のある

「私」ではなく、宇宙の何らかの力が導いてくれたということです。

最初の目覚め（自分がコントロールしていない可能性に関する）

一九八五年のメモリアルデー（訳注：五月最終月曜日の戦没者追悼記念日）の週末のことでした。私はしたたかに酔い、コカインでかなりハイな状態になっていました。ただハイと言っても「楽しい」ものではなく「病的」なもので、何日も起きっぱなしだったので、何がしたいかと言えば眠ることだけでした。純度の高いマリファナを吸い、ラム酒をストレートで飲んで、何とか意識を失おうとしましたが全く駄目で、ベッドで汗まみれになりながら何度も寝返りを打ちました。そして、突然予告もなしにすっかりしらふになったのです。身体から何かが離れて行くような不思議な感覚がありました。それが行ってしまったと感じましたが、十九年間に渡って私の一部だった強迫観念が去って行ったのだとは後々までわからず、その時私がわかったのは私の中の何かが大きく変わったということだけでした。そしてそれを私は喜んではいないと言うしかなかったのです。私の深い部分はそれが終わったのに気づいていましたが、それでは今まで通りの人生が続けられないことを意味するので死ぬほど怯《おび》えました。夜中の一時だったのに私はしっかりと目が覚め、しかも苦痛に感じるほどしらふだったのです。

私は『アルコホーリクス・アノニマス』についてよく知りませんでしたし、そのミーティングに行ったこともありませんでしたが、『AA』の団体に電話をしてそこに参加すべきだと突然感じました。そこで電話をかけると、夜中だったにもかかわらず電話を取ってくれた人がいました。次のミーティングがいつどこであるのかを尋ねたところ、彼は午前七時のミーティングがあるので歓迎する旨を伝えてくれました。

それからの五時間は「さよなら」パーティーを一人で開きました。部屋に残っているありったけの薬物とアルコールを必死に自分の身体の細胞へ染み込ませました。ご多分に洩れず、やめるなら華々しくやめようと思い描いていたのです。食堂のテーブルに座り、ストレートで酒をがぶがぶ飲んでは砕いたコカインを鼻から吸うと、大き過ぎるコカインは鼻からこぼれて床で跳ねていました。でも腹立たしくなるほど私はしらふのままだったのです。

何日も眠れず風呂にも入っていませんでしたが、午前七時のミーティングに参加しました。私は自分が初参加だとは思えませんでしたが、参加者はそれをわかっていたようでした。結局のところ、ミーティングを私はある種ゾッとするほど嫌な体験として記憶しています。吐き気がする早朝の光がよろい窓から漏れ、部屋の塵や埃を浮かび上がらせていました。清廉潔白そうな人たちが円形に並べられた金属製の折りたたみ椅子に座り、こぞって神についてうんざりするほど話をしていました。ある女性は、何と教会付属学校の送迎バスの運転手をしていることも話題にしていたのです！　自分の人生も次第にこうなるのではと密かに考えました。私は使い古しのおふざけ役（「お漏らししてない？」と言われるような）として、小うるさく活気のない集会に一日中我慢しなければならないようでした。他に良い選択肢があったのならそれをしていたはずです。

それでも私は二つのお宝を携えて初めてのミーティングを後にしました。一つはこの地域のすべてのミーティングの場所がわかったこと（その幾つかはもっと活気があって私好みでした）。もう一つは12のステップを含む『ＡＡ』、すなわち「ビッグブック」[2]です。その時はステップがその後何ヶ月も何年にも渡って大きな影響を与え、私の人生をさらに劇的に変えていくなどとは思いもよりませんでした。

ここからは12のステップとの個人的な結び付きを分かちおうと思います。但し、私はその道の権威でも代弁者《スポークスマン》でもないことを念押ししておきます。ステップを行う方法は、瞑想や祈りの方法と同じように一つには限られないと思っています。ステップの素晴らしい側面は、単純で普遍的だということです。性別、宗教、人種、文化、国籍、歴史などを超えてどんな人にも役立ちますし、模範的な生き方をする必要もありません。神を信じる必要もなければ、他のスピリチュアルな理解も必要としません。実際、私が思うには（ほとんど誰も同意しないでしょうが）、事前に必要なものは一切ないのです。あなたが今いるそこからステップを始められます。罪深いって？　良い仲間になれますよ。嘘つきやいかさま師だって？　歓迎しましょう。わがままや自己中、オタクだって？　おいでおいで。誰もが家に帰ったようにしっくりくることでしょう。

注記：アルコールとコカインのおかげで私はステップと出会えました。ステップでは、アルコールとは言葉が意味するそのものだけではなく、適用できるものも指しています。この本では、アルコールの部分をあなたの人生を混乱させているものや振る舞いに自由に置き換えて読んで頂くと良いでしょう。

ちょうど良い頃合いなので、ステップが書かれた経緯についてお話しましょう。ステップは二〇世紀初頭のキリスト教運動組織である「オックスフォード・グループ」（訳注：一九二一年フランク・ブックマン牧師によってイギリスのオックスフォードで結成されたキリスト教運動組織）の「四つの実践」（訳注：正直、純潔、無私、愛）の影響を受けて書かれたものです。ステップには多くの言い回しや口調がありますが、「ビッグブック」はその傾向を反映しています。しかし12のステップのユニークさは、しなやかで広々として独断的ではないところです。自然であり人間性に訴えかけます。疑いなくスピリチュアルな側面があるのですが、スピリチュアルであるかどうかは各人の自由であり、拒むことはありません。またいかなる宗教にも紐付いていません。いわゆる「聖なる霊感」を否定しませんし、道徳が絶対だと主張するわけでもありません。独断や道徳的な正義を押し付けることもないので、私のような不可知論者で事実上性格が破綻しているような人であっても安心できるのです。色々と言ったとしても、結局のところ本に書いてあるように「自分たちがわかっているのは、ほんの少ししか知らないということだ[3]」という話になるのです。

個人の無力というテーマは、アドヴァイタと呼ばれる非二元論のスピリチュアルな教えの中心でもあります。サンスクリット語のアドヴァイタは「二つではない」を意味し、すべての物事の背後にある一体性を指し示す古代の教えを表しています。

二十五年以上、12のステップとアドヴァイタの教えの二つは、並行してずっと私の人生に大きな影響を与えてくれ、最終的にはこの二つは一緒のものだと言い出すまでになりました。この本はまさにその試みなのです。

究極的には、ステップは真実というものをじっくりと見極めます。そのような見方を厳密に行うと、あなたは居心地の良い場所から追い出され、不愉快に感じるでしょう。恩寵によって、慣れ親しんだ巣から押し出され、概念のないオープンで自由な神秘的理解へと真っ逆さまに落ちて行くのです。それは自分自身を無制限と制限の両方としてあなたが知っている、無限の可能性の空間です。

それが今、あなたを見出しますように。

アドヴァイタ

私はアドヴァイタが大好きです。偉大な芸術と同じように素晴らしい感覚を私に与えてくれます。良い面も悪い面も兼ね備えたままで、今この瞬間にいながら自分のありのままの姿で心地良く生きる方法を教えてくれます。この世にこれと似たようなものは全くないでしょう。

あなたが12のステップについては既に馴染みがあるものの、アドヴァイタについてはそうでなければ、アドヴァイタの教えにおける無力についての理解が、ステップで指摘しているものを鏡に映したかのようなので本当に驚くことでしょう。あなたがアドヴァイタを学んでいるものの、ステップを未だ体験していないのなら、ステップの幾つかの実践が無力の本質を理解する助けとなってくれるでしょう。あなたが12のステップとアドヴァイタのいずれも知らないのであれば、荒っぽい運転になるかも知れないのでしっかり掴まってついて来て下さい！

既に言いましたが、私は非二元論の伝統であるアドヴァイタの教師です。そういうわけで、意識、神、源、高次の力、全体性など、どう呼ぼうと構いませんが、それらに興味がある人たちの集まりで話をするために一九九七年から世界中を飛び回っています。あなたから見ると私はスピリチュアルの教師かグル（一時はとても尊敬された用語でしたが、今はしばしば軽蔑した笑いと一緒に使われます）の範疇に入るのかも知れません。

どうやってこの起きそうもないことが起きたのでしょう。私たちは人生の創造者ではないという証明が必要なら、私の人生がまさにその証拠となるでしょう。

何しろかつての私はバーに延々と座り、昔のフットボールの再放送を見ているのに、その試合に賭けをしたくてウズウズしていたのです。全く思い描くこともなかった自分の夢や希望は、いつか意識についての本を書き、個人の無力に関する教師としてスペイン、ロシア、インド、スエーデン、トルコ、オーストラリアなどの（ほんの数例ですが）様々な場所を旅して、多くの人々に歓迎されるかも知れないということでした。そんな可能性は遥か彼方、想像さえ超えていました。さらに言えば、断酒を始めて個人の無力が持つ可能性について興味を持ち始めた時でさえ、教師やまして「グル」になるとは思いもしませんでした。私は夫であり父親でありビジネスマンであるのに十分満足していたのです。でも宇宙は明らかに別の計画を準備していました。

二度目の目覚め(「生ける教え」へ導かれて)

一九八九年、私は自分自身の思考、感覚、行動の根源としての力を備えて分離し独立した存在だという感覚が、ウェイン・リカーマンとして知られる存在である「私」の中で完全に死に絶えました。このいわゆる出来事は、もうすぐわかると思いますが、苦しみは独立し力がある存在という感覚に直接結び付いているため、私に起きる苦しみの終わりを示していたのです。これが一部の人たち(スピリチュアルの探求者と呼ばれる)にとって、私に興味や魅力を感じ、私が話をしようがしまいが一緒に時を過ごす価値を見出す理由なのです。

この出来事が私を聖人に変容させたわけではないことをまず言い添えておかないといけません。聖人は崇高な理想を体現した振る舞いをする人物と言えます。「二度目の目覚め」の前であれ後であれ、私の振る舞いは崇高な理想を体現していませんし、もう大した勝負師とは言えませんが、自分は将来決して賭け事はしない方に喜んで賭けるような人間なのです。私の振る舞いは、いかなる意味においても全く普通です。しかし「ビッグブック」に書いてある言葉によると、私はもはや「事が上手く思い通りに運びさえすれば、この世の満足と幸福を手に入れることができるという妄想の餌食[4]」ではなくなりました。私は自分自身の無力をしっかりと確信しているので、人生は穏やかだったり混乱したりして流れて行きますが、いつでも脈々とした平安がそこに息づいています。

　この平安は、自分の無力を完全にあらゆる面で認識した時にやって来ました。すべての理解を超えたものが平安なのです。それは条件付けがなく、超越的なものと言えます。表面上は穏やかだったり混乱していてもそこにあります。例え嫌だと感じている瞬間でさえ、すべてが完璧に起きているものとして理解されます。この瞬間に在ることの全面的な受け入れなのです。

　私の内側は変容していますが、外側は見た目も行動も誰とも変わりありません。何か特別になったというのではなく、ずっとそうであったそれになったのです。

　私を正気に戻し、今では教えるようになったアドヴァイタは、私たちが本当は誰であって何なのかの探求を促すようにデザインされた助言の集まりと言えます。私はそれを「生ける教え」と呼んでいます。教訓や教義はなく主張も約束もしませんが、スピリチュアルな探求を容易にし、新たな可能性を開き続けてくれます。「生ける教え」は何かに答えるというよりも問いかけます。その場にあった正しい問いは、私たちが信じているものを超え、いつもここに存在しているそれを直接見る後押しをしてくれます。あるがままにすべては内包されているので、「生ける教え」に含まれないものは何もありません。

「生ける教え」は生き生きとしたエネルギーに関わるものです。それは、今ここに存在して私たちとして私たちを通して生命そのものを表現しています。私たちの誰もがこの生命力の一つの動きであり、マインドと身体を通して生き生きした経験として表現しているという事実を示しているのです。そして生き生きとした経験それそのものがスピリチュアルであるという理解を育むことを「生ける教え」は望んでいます。但しこれがわかるには、スピリチュアルに関する定義を根本的に広げる必要があるでしょう。大抵の人はスピリチュアルは「良いもの」だけと考えています。快くて優しくて愛情に溢れて穏やかなもの、それをスピリチュアルと呼んでいます。そして不快で抑圧的で醜く不愉快なものはアンスピリチュアル、もしくは物質的《マテイリアル》なものと呼んでいます。この考え方は私たちに深く染み込んでいます。恩寵によって、この限定された見方を超えて、私たちやあらゆる物事がスピリチュアルであると理解できるようになります。最大の課題は、常に悪習や痛みもスピリチュアルだと理解することです。

　このような話がひどく難解で曖昧に聞こえたなら（そしてカギ括弧や圏点付き言葉の氾濫も）、多分その通りです。最終的にはどんな言葉や説明も全く問題にはなりません。説明の知的な理解は二の次です。「生ける教え」と12のステップの両方の世話人《ファシリテーター》である私の望みは、この本を読んで、直感的に知っている感覚が内側で広がり、最終的にはあなたが本当は誰で何なのかを直接的に認識した結果、人生にさらに安らぎがもたらされることです。
それが今、あなたを見出しますように。

リカーマン

では、これを片付けておきましょう。私は生まれるとウェイン・リカーマンと名付けられ、十六歳から三十五歳まで生きるために自分の力であらゆることをしてきました。その結果、あわや死ぬところでしたが、これを書いている今は本当に生き生きして、かつての私はそうだったと書くことができる幸せを感じています。過去には全く想像できなかった生き方で生きていますが、これを説明するのは非常に難しいと感じています。私は極々普通ですが、考えや感じること、やることのすべては驚異を超えています。かつて当たり前だと考えていたことが、今では奇跡となっているのです。私が呼吸するたび、酸素が血液を通して身体の隅々まで行き渡り、言葉を考え、そして書けるようにしている奇跡を見出します。他人の痛みが感じられ、誰かの面倒を看れるのが奇跡的なのです。飲酒と薬物を使用したいという抑え難い衝動が取り除かれ、自分という個人の残りも消えてしまったのが奇跡的なのです。ウェインと呼ばれているこの存在が、個人の力の感覚を一切持たずにすべてであるものの不可欠な一部として生きているのが奇跡的なのです。

今の私にとっては、当たり前と驚異は一つで同じものであり、同様にスピリチュアルと物質性《マテイリアル》、自分と他人も同じなのです。「多即一」というこの直感的理解は、12のステップでもアドヴァイタでもスピリチュアルな目覚めとして見なされています。

それが今、あなたを見出しますように。

ステップ1

私たちはアルコールに対して無力であり、人生が思い通りにいかなくなったことを認めました。

ステップ1の核心は無力です。自分は◯◯◯に対して無力であり（◯◯◯に何であれしっくりくるものを入れて下さい）、人生は思い通りにいかなくなってしまった――おそらくは自分自身が原因で。何かについて本当に無力であるならば、壁に光が射し込んで来る割れ目ができたのです。最初はしばしば一筋の光が射し込んで来るだけなのですが、それが私たちに今ここにある真実を垣間見させてくれます。

ステップはゆっくりと無力について理解できるように導いてくれます。入り口は無力であることの個人的な体験なのですが、それが何であったとしてもステップへ導いてくれます。

ステップ1は私たちに何かを納得させようとはしていません。それどころか、ただ私たち自身の体験を調べることを強調しています。いずれにしても、もし私たちが○○○に対して力があったなら、最初のこの地点に到達しなかったでしょう。そうですよね。「ビッグブック」はこの無力の認識については断固として譲らず、もしそれに関して（それが何であっても）自分の無力を絶対的に確信できないのであれば、すぐに自分がそれをコントロールできるかどうかを確めるようにと書いてあります。つまり、自分自身の中に個人の力があるという仮定が正しいかどうかをテストするのです。無力は学説や哲学的な教えではありません。それは生きた真理であって百聞は一見に如かずです。自分の経験を調べてそれに気づくのが最良の方法です。

誰もが問題を抱えています。それはお金であったり、職場や家庭の場での衝突であったり、肉体的な病気なのかも知れません。仮に物事が上手くいって裕福であったとしても問題は生じて来ます。そんな問題が日々現れては消えていくのは、とにかく人生の一部だからです。12のステップに関わりを持った人々は、それとは異なった種類の問題をそれぞれ抱えています。アルコール、薬物、食べ物、ギャンブル、度を越したスピリチュアルの探求、セックス、共依存として一括りにされるものなど、ある種の依存症は束の間では終わりません。一時的な問題とは違い、依存症は根付き、休む間もなく成長し、人生のあらゆる側面に侵入して害を及ぼします。やがて人生そのものと切り離すことができなくなってしまいます。一つの問題を抱えるというより、私たちが問題そのものなのです！　そうなると問題を破壊すれば自分自身も壊すことになると思えます。

多くの人々は何かへの依存症が一つはあって12のステップを始めます。澄み切った瞬間が訪れると、依存症が特定の物事や振る舞いに関する自分の無力を垣間見させてくれるかも知れません。普通、最初はただちらっと見えるだけです。とにかく「何か問題があるぞ」と言えるのが重要なスタートになります。それが自分自身の無力の認識の始まりなのです。

ステップを始める前の私の人生は、頑張ってもっと力を獲得することが頭の中で渦を巻いていました。私の問題のすべては、十分な力がない結果のように思えていたのです。無力を認めるのがどれほど自分の助けとなるかなど思い描けなかったのです。「ビッグブック」のページを紐解いた時、それが想像を超えた人生への扉になるとは夢にも思わず、先に述べたように自分に何か大きな、そしてひどく悲劇的なことが前の晩に起きたことだけしかわかりませんでした。私はしらふで気分は最悪で、類を見ないと思えるような状況にたった一人でいると感じていました。未来の望みは荒んでいて悲観的だったのですが、「ビッグブック」がまさに天啓となりました。延々と神について言及されているのには嫌気がさしたのですが、私はそこに書かれている振る舞いや感情が手に取るようにわかったのです。そこには私を手招きしている何かがあるようでしたが、それが何なのかはわかりませんでした。今振り返ると、その時の自分はダイヤモンドで遊ぶ子供のようだったのがわかります。光り輝くさまには惹かれていたものの、自分の手の中にあるものの莫大な価値には考えが全く及ばなかったのです。

最初の朝七時のミーティングに参加した人々の中に、私のような人は皆無でした。結局、ほぼ四日間も通い詰め、酒は毛穴からも滲み出ましたが、私の人生に対する態度は決して肯定的ではありませんでした。ミーティングに参加している人たちは、そのようには見えませんでした。彼らと付き合うことで、何かを得られる可能性はないように思えました。もし私が物事をコントロールする力を持っていれば、私は長年生きてきた酒と薬物の人生に喜んでまた戻ったでしょうが、そうしていたなら間違いなくとっくの昔に死んでいました。でも物事をコントロールする力は私のものではなく、気づくまで時間がかかりましたが、私のものであったことは決してなかったのです。

「生ける教え」であるアドヴァイタの教師としての今の私から見ると、ステップ1の無力についての主旨（とそれに関わるすべて）を完全に受け取れば、残りの11のステップは不要になるように思えます。しかしそれは、本当にそれができるという「仮定」の話です。このステップと関わってきた何十年という間で、一気にそれができた人をまだ見たことはありません。私たちのほとんどは一歩一歩前に進んで行くのです。

作者錯覚

個人の力に関する問いは、ステップ1でも「生ける教え」でも主要なものです。この問いを上手に扱えるように、「作者錯覚（自分が作者だと思う錯覚）」という用語を使います。とても重要なのですが認識するのが難しい場合もあるので、この本を通して、この「作者錯覚」を詳細に調べていきます。

私たち人間は生まれて数年の間、満足と当惑、幸せと悲しみ、喜びと痛みを行ったり来たりという驚くべき直接的な存在の状態で生きています。その後、二歳頃になると私たちの中で何かが起きます。それは人間であれば誰にでも起きることです。私たちは次第に世界を異なる目で見るようになります。自分は分離し独立していて、力を持っているという感覚に悩まされ始めるのです。実際、それは普通の人にとって一般的な信念の一つで、両親や学校、教会、社会が、自分は分離して力を持っているというこの感覚を絶えず強めていきます。自分のことを三人称で呼ぶことをやめて、「私」と呼び始めるのがこれを象徴しています。

この転機から「私」ができる物事のカタログを集め始めます。物事の名前を学び、両親の助けなしで課題を達成できるように能力を伸ばしていきます。私たちは物事をできるのみでなく、その作者という感覚がほとんどすべての物事に伴って起きるようになります。何かの「作者」というのは、この「私」が独立して何かを創造する唯一の源だと感じていることを意味します。自分が作者だと主張する場合、「この『私』が物事を引き起こし、コントロールする力を生成している」と言っているわけですが、そこには問題が一つあります。この感覚は世の中では広く真実だと思われていますが、より深く探求していくと実は間違いであることが明らかになるのです。探求を欠くことはできません。私たちがこの「作者錯覚」を持っており、さらに実はそれが誤っていると認識することが、思いも寄らない極めて並外れた何かを理解するための鍵となるのです。しかしそれをわかるためには、まずは調べる必要があります。

「ビッグブック」に慣れ親しんでいる人にとっては、それが「自己」とか「エゴ」と呼んでいるものを、「作者錯覚」と考えるのが役立つでしょう。今の所、「作者錯覚」と呼んでいる力の感覚についてさらに深く詮索する必要はありませんが、それが自分の中にあるのを確認できると理解の助けとなります。そこで、ここでちょっと立ち止まって一息入れ、自分自身の内側をただ調べてみましょう。**自分の中に、自分が物事を起こしているという感覚、自分が物事の作者だ**

という感覚を認識できるかどうか、確かめて下さい。自分の中に、物事が上手くいくことへの責任を確認できますか？　物事が上手くいかなかった時にはいつも、罪悪感を持ちませんか？　そうであれば、あなたは自分が物事の作者としての力を持っているという感覚と結び付いているのです。

ここは決して飛ばさないで下さい。本を置いて、しばらく検討してみて下さい。

〜〜〜

もしあなたが確認することをせずに無視したとしても、私は共感できます。私ももしかしたら同じようにしたかも知れませんし、何も失うものはありません。私たちは先に進んでもこの感覚を調べ続けますし、先に進めばあなたも多分それがわかるでしょう。これがこの本の決定的に重要な箇所で、この本によって育みたい理解への鍵なのですが、ここで直ちにすべてを理解する必要はありません。今の所、内側を一瞥してそこにある力やコントロールの感覚を少しでも捉えれば十分です。

私たちは無力なのか？

ステップと「生ける教え」が、私たちに影響を与える第一歩となるのは間違いありません。私の場合は、薬物とアルコールの霧が晴れた時、十九年間に渡って薬物やアルコールが自分を操っていたのをはっきりと見たことでした。ステップの用語を使えば、私はアルコールに対して無力だったのです。物事が実際にはどのようにあるのかという真実を垣間見れるように、澄み切った瞬間が誰にでも訪れます。それがいつどのように生じるのかを予め知ることはできません。

この澄み切った瞬間が生じると、剥《む》き出しの真実に私たちは向かい合います。もし私たちを真っ先にステップへと導いた物事や振る舞いに力を及ぼせたなら、その物事や振る舞いが問題を起こしているとわかるや否や、私たちはそれをやめることができたはずです。しかし、それをわかる力もやめる力のいずれも、私たちは持っていなかったと結論付けざるを得ません。これが個人の無力を認識する第一歩となります。

残念ながら、無力に関する問いが単純であるのは稀です。時々、私たちがコントロールしているように見受けられるので複雑になるのです。私たちは「今日は依存症の行動に耽《ふけ》るとは思えない」と考え、そのような行動に耽ってはいないという場合です。この自分の意図と成果の相互関係は「作者錯覚」と、物事をコントロールする力があるという主張を煽《あお》ります。同じように意図した何百という他の例では、私たちの意図に反する結果となった事実を「作者錯覚」は少しも考慮しないのです。「ビッグブック」には、アルコール依存症の誰もが持つ最大の強迫観念は「飲むのをコントロールして楽しむこと」[5]だと書かれています。これを言い換えると、アルコール依存症の人はアルコールに対して力を持つことを切望しているのです。

自分個人に力があるのか、それとも無力なのかを検討すると、以下のような問いをしたくなるかも知れません。十のうち一つでも何かをコントロールできたとしたら、それに対して力があったと言えるだろうか？　それを十のうち半分コントロールできたとしたらどうだろう？　であればそれに対して力があったのだろうか？　それの大半をコントロールできたとしたらどうだろう？　それとも力とは全か無という命題なのだろうか？　あるものに対しては力があったり、なかったりするのだろうか？

ステップ1はこのような問いを中心に展開します。誰もあなたのためにそれに答えることはできません。自分は問題となる物事や振る舞いに対して何らかの力（部分的であれ限定的であれ）を持っていると信じている限り、ステップは先に進まなくなります。上手くいけば、ある時点で、本当に力とは全か無という命題であることがわかるでしょう。何かに対して、ある場合は力を及ぼし他の場合は及ぼさないと言うなら、究極的にはコントロールができていないことを物語っています。自分の見かけの力が機能する時と機能しない時をわかっていますか？それをコントロールできるのなら、どうしていつでもできないのでしょう？　自分に力があると見受けられるのは時々なのだから、力がある時とない時をコントロールする能力さえ持っていないということがわかりませんか？　これがステップ1の示している無力についての根本的な理解なのです。

ステップの美しい側面の一つは何も納得させようとしないことです。ステップは守るべき規則でも絶対の真理でもなく……道案内《ガイド》なのです。そのため、ステップはあなたが無力だと告げるのではなく、自分自身で問いを吟味《ぎんみ》するように勧めています。その結論が自分を騙していないかどうかを確認するためにステップはいつもそこにあるので、あなたがどんな結論を出しても問題ありません。

あなたが食事と一緒にワインを一、二杯飲んで実りある生活を送れるのなら是非そうして下さい。あなたがスピリチュアルな探求をすることで豊かで人生が満ち足りているのであれば何の問題もありません。あなたがいつ競馬場へ行っても賭けに負ける余裕が十分あるのであれば楽しんで下さい！　あなたがアイスクリームをひと舐めした後、我慢して容器を明日まで冷蔵庫に入れておけるなら――問題ありません。「ビッグブック」にも書いてあるように、あなたに「脱帽します」[6]。でも、もしできないものがあるなら、少なくともその一つについては自分の無力を見出す入口に辿り着いたのです。

ステップを書いた人たちは、「ここに回復のプログラムとして提案された、私たちの取り組んだステップがあります」[7]と紹介しています。あれをしなさいとか、これを信じなさいとかは言いません。むしろ「経験と力と希望」[8]を分かち合い、価値あるものを何であれ見出すように導いています。

12のステップのどのプログラムも、権威的な側面を持っていないという点を指摘するのに良い頃合いだと思います。メンバーになるのに求められるのは、ステップの第一歩へとあなたを導いたその振る舞いをやめたいという願いだけです。これは実際には、ステップの解釈や実践に驚くほどの多様性があることを意味しています。人々はそれぞれが最善の方法に関する見解や確信をしっかり持って、グループやサブグループを組織しています。12のステップとそれに関連する様々なプログラムで続いている奇跡は、それぞれのステップやプログラムが感情、強烈な信念、移り気な性格や意見も含めた諸々のすべてを、しっかり取り込めるほどしなやかなことなのです。

思い通りにいかないこと

ステップを書いた人たちが言うには、ステップ1の後半部分は、自分がアルコールに対して無力であるばかりではなく、思い通りに生きていけない状態であるのを自省によって見出したとのことです。これは無力に関する問いへの掛け金をつり上げます。ステップへと導いた物事を自分がコントロールできないのは認められても、人生を思い通りにできないのは別の事柄なのです。これは仕事や家族などを持っている場合は特にそうです。「作者錯覚」は「こんなに思い通りじゃないですか？　この私（「作者錯覚」）のお陰がなければ、何もできなかったんですよ。ベッドから出て仕事へ行けるようにしたのは私だし、人間関係が続くようにしているのも私ですよ。私が責任を負っているのです。それを忘れないで下さい！」と自分の功績を主張するでしょう。その声は大きくて親しみ深いものです。何しろ二歳の頃からずっと一緒だったのですから。この本を通じて私たちが見出そうとしている問いは、その声が言っているのは本当かどうか、ということです。

それはインドのムンバイで見たマラバール丘（訳注：ムンバイ随一の景観の人里離れた場所）までの景色を思い出させます。インドの街の混沌として呆然とさせる車の流れが、路上でパレット（訳注：フォークリフトなどで積み降ろし時に使う木材等の荷置台）の上に座る一人の男のすぐ横を通り過ぎていました。乗用車やトラック、バスのタイヤが彼の間近で唸りをあげる中、彼は静かに座って手を振りながら、荒々しく警笛を鳴らして過ぎて行く運転手たちを交通整理しているつもりのようでした。彼は私たちが「作者錯覚」と呼んでいるもののまさに「象徴」と言えます。コントロールできていると主張（錯覚）している私たち自身の側面なのです。

この道路脇の男に交通整理をやめたら何が起きるかを尋ねたなら、恐ろしい事故の光景や交通渋滞、無責任な運転などを彼が描き出すのは間違いないでしょう。そして彼が監督しているお陰でどれほど上手くいっているのかを、誇りを持って指摘するかも知れません。

交通が滞りなく流れていたのはほんの一時だけで、その日の早く交通事故や交通渋滞が起きていたことをずけずけと指摘した時の彼の反応も想像できます。その勤勉な男は、時折問題が起きるのは渋々認めるでしょう。しかし、自分がそこに座って手を振っていなければ、必ず「もっとまずいこと」になると彼が信じているのも確実です。

ラメッシ・S・バルセカールとの出会い

文字通り「しらふの状態に打ちのめされて」から二年が過ぎた頃、あるとても風変わりな人物と幸運にも出会えました。彼の名前はラメッシ・S・バルセカールで、当時はアドヴァイタと呼ばれる教えとして少し知られて(インド国外で)いた非二元論や無力について興味がある人たちの小さな集まりで話をするために、ロサンゼルスの私の故郷に滞在していました。彼はインドから来るグルたちとは全く違い、ロンドンの学校で経済を学び、インドの銀行の頭取を引退したばかりで、所帯を持っていて、熱心なゴルファーで、まさに「この世の人」でした。彼は自分を特別だとは思わず、ローブを着ず、アシュラムにも住まず、これをすべきでこれはすべきでないとかの決まり文句が口からこぼれることもありませんでした。最も現実的な方法で、何が「本物」で何がそうではないのかを自分自身で探求することについて話をしました。限界がある見かけを超え、その限界すら作っている無限を人々が見出すのを彼は望み、各自が長い間持ち続けた原理に疑問を投げ掛けるように勧めてくれました。

彼に出会って間もなく、私は自分が「スピリチュアル」な予備知識のなさに不安を感じていることについて彼に話す機会を得ました。私がつい最近アルコール依存症の真っ只中から回復したことや、その後の「高次の力」に関する答えの追求が彼との出会いへと導いたことは既に彼に話をしていました。しかし、彼の集会に参加するほどんどの人は老練なスピリチュアルの探求者であるのに比べ、私と言えばバーとドラッグハウスから二年離れただけで明らかに未熟者でした。そういうわけで、自分を微積分のクラスに迷い混んだ場違いの幼稚園児のように感じていました。彼は独特な忍耐と優しさで「サーダナ」という概念について教えてくれました。サンスクリット語のサーダナは、「物事を達成する道」を意味していて、一般的には、瞑想、詠唱、帰依、献身、祈りのような伝統的な実践と結び付いています。サーダナは「作者錯覚」の鎧にひびを入れる手段となるという話を彼はしてくれました。そして彼は「ウェイン、あなたの場合、サーダナはその年月を飲酒して薬物を摂取することだったのですね」と言ったのです。

私と同じような結果を得ることを期待して、私独特のサーダナを真似するのは誰であれ全くお勧めしません。この種のサーダナはあなたを殺しかねませんので。しかし長年に渡り、私はサーダナがある種の依存症だったという多くの人々にも会ってきました。伝統的なサーダナを行うほとんどの人々がその行為にきちんと責任を持てるのとは大きく違い、依存症によるサーダナを行っている人々は、少なくとも依存症に関してはコントロールする力がないと世の中では認識されています。従って、稀に回復が起きた時は、快方に向かわせる決定的なきっかけとなった出来事はしばしば恩寵と見なされるのです。

アドヴァイタの一人の教師として私が出会うほとんどの人たちは、伝統的な意味では依存症ではありませんが（多くの人はスピリチュアルな探求へのある種の依存症と名付けることができるような状態でしたが）、依存症を持った人はそれを持たない人とは異なる方法で無力の可能性へと進むのに私は気づきました。

私の話を聞きに来た依存症を持たない人たちの多くは、ある種ドラマチックでしばしば精神的外傷を伴うような出来事として「生ける教え」について話してくれました。この種の出来事は、すべての物事の背後に横たわる一体性を垣間見れるように、澄み切った瞬間の引き金となるのです。理解したいという願望や一体性への「回帰」は、しばしばスピリチュアルな探求を引き起こしますし、何らかの方法で個人の無力について自然と気づいたり、理解する人もいます。「生ける教え」は、そのような最初の洞察をさらに深く探る入り口となります。個人の無力を認識する可能性への最初の入り口を与えてくれるものが何であるかは重要ではありません。それが入り口ということ自体が重要なのです。それなしには個人の無力に関する理解は、馬鹿げたままであって危険な考えとさえ思えるかも知れません。

「生ける教え」は「作者錯覚」を見極めるのを目的とした助言の集まり以外の何物でもありま

せん。誰もが二歳頃に身に付ける感覚は、自分は分離し独立していて力を持っている存在だというものです。「生ける教え」もこの感覚が本当に真実かどうかを明らかにするために深く探求するように促しています。ここに焦点を当てる理由は、私は分離し独立していて力を持っているということの感覚（作者錯覚）が、人生におけるすべての苦しみと関係しているからです。私たちが罪悪感を抱くのは、違うように行動できたはずだし行動すべきだったという感覚があるからです。私たちが他人を嫌うのは、彼らは私たちに対してもっと上手に振る舞えたはずだし振る舞うべきだった、もしくは意図的に私たちを害を与えようとしているという感覚があるからです。物事を他の方法で見る可能性が開かれるのは、本当に偉大な祝福です！　そのような開放性によって与えられるものは、難解でもなければ抽象的でもありません。この瞬間に在ることの真実をわかることは、「作者錯覚」に束縛された私たち救い出し、どのような状況であっても穏やかに地上を歩ませてくれます。

人々は時々、今まで言われてきたような方法でこの世界を体験する必要はないことが本当にわかります。

アラン・ケイトリー

「生ける教え」は、罪悪感や自慢で一杯となった体験を特に注意深く調べるように促します。それは、恩寵と共に実際に自分の中にある思考や感情、行動の究極的な源を見極めることになるでしょう。

前にも述べましたが、私はステップ1のすべてを完璧に、そこに含まれる意味合いも含めて一回でやり遂げた人に出会ったことはありません。ステップにおけるこの初期の段階では、私たちが落ちぶれ、助けが必要となり、人生の何らかを改善するきっかけとなった一つの物事に対して、無力であると確信する以外は求められていません。最初は幾つかの物事がコントロールできないとわかることから始まった旅は、すべての物事がコントロールできないことを直感的にわかるところへとまだまだ続きます。しかしステップは、私たち以上に本当に忍耐強いのです。

以降の11のステップは、この最初の入り口を永続的な現実へと変容させるための素晴らしい青写真となっています。

それが今、あなたを見出しますように。

ステップ2

私たち自身よりも偉大な力が
私たちを正気へ戻してくれると信じられるようになりました。

ステップを書いた人たちは、自分たちの目的は「あなたの問題を解決する、あなた自身よりも偉大な『力』を見出せるようにすること」[9]だと述べています。あなたより偉大な力が「問題を解決する」という箇所に注意して下さい。この力が問題を解決してあなたを助けるとは言ってはいないのです。これは重要な特質です。ステップ1では、自分は何かに対して無力なので、自分の人生が思い通りにならないのをある程度は認めました。簡単に言えば、ステップ1では自分自身の力ではやりくりできない問題があることを承認しました。これがあなたにとって福音だったか、そうではなかったかはわかりませんが。

ステップ2では、自分次第ではない解決方法を私たちは一瞥します。これはしばしば大きな障害物となります。「作者錯覚」はステップ1で少しダメージを受けたとは言え、復元力があるので主導権を得ようとして強硬に主張します。「作者錯覚」は大抵ここで、問題解決の手助けとなりそうな神と、適当な協力を結ぶといった提案をする可能性が非常に高いのです。企業に例えると、神は業務執行には関与せずに無限責任を負う役割を担うだけ、つまり神は力を提供して後は私たち（「作者錯覚」）が思い通りにコントロールするというものです。世界の大半の人たちがこのモデルを使っています。しかし、アドヴァイタとステップは抜本的な可能性を指し示していて、それは遥かに大きく、より完全なものです。

自分自身の力の感覚の体験を深く調べると、「作者錯覚」が再び主張する機会を伺っているのに気づくはずです。例えば、12ステップのプログラムの中で依存症からの回復の兆しがあると、「作者錯覚」はしっかりと自分が取り組めた好感触のプログラムや、自分が発揮した意志の力を示して手柄を主張するでしょう。また、逆戻りするようであれば、「作者錯覚」は集会に出なかったり、しっかり頑張らなかったこととか、単に駄目だと理由を並べて自分の面目を保とうとします。スピリチュアルな探求者の場合、個人の力やコントロールの感覚が減少するような進展があれば、「作者錯覚」はスピリチュアルな進歩を自慢するでしょう。個人の力やコントロールの感覚が戻り始めたとしたら、「作者錯覚」は高い意識に戻る努力をもっとする必要があると主張するでしょう。

「作者錯覚」とは、私たちの内側にある「神のように振る舞う」性質に付けられたもう一つの単なる名前です。それは私たちの思考や感覚、行動に責任を持っている作者だと主張します。さらに狡猾《こうかつ》なことに、「作者錯覚」は本当は私たちそのものだと主張します。これをずっとやってきているので私たちは疑うこともありません。単純に私たちが自分の思考、感覚、行動の作者だと思い込んでいるのです。「生ける教え」では直接的に、ステップでは間接的に提示される決定的な問いは次のものです。これらの主張は真実なのか？

狂気

ステップ2には「私たちを正気へ戻す」という言葉があり、あなたも多分注目したでしょう。正気へ戻すということは、現在の私たちは狂気だという含みがありますが、私たち大多数の意見はそれはちょっと厳し過ぎるというものです。

もし、あなたがこの表現に難色を示すのであれば、用語を明確にするのが助けとなるでしょう。狂気だからといって、閉鎖病棟や拘束される姿だけを思い描く必要はありません。狂気の一般的な定義の一つは、他の結果を期待しているのに同じ振る舞いを繰り返し行い続けることです。12のステップのどんなプログラムに参加している誰でも、この定義によって自分自身の中にそのような狂気があるのがわかります。「ちょっと一杯引っ掛けるだけ。クッキーを一つだけつまもう。賭けるのはこれ一回だけ。彼のために保釈金を支払うのはこれが最後。今回はきっと違うから。今度こそ私は上手くできるはず。今回は何も問題はない」。ちょっと狂気じみていませんか？

アドヴァイタの「生ける教え」における狂気の定義は、ある種の妄想の存在として生きることです。つまり物事の実際から外れているのです。この定義は捉え難いですが、同時に興味をそそられます。私たちの認識が妄想であるなら、さらに言えば私たちの周りの人たちが同じ妄想を共有しているのならば、どうやってそれを知ることができるのでしょう？「生ける教え」で勧めている方法は、私たち自身を好奇心や開かれた心を持って深く調べることですが、その時には、より深く調べることを焚き付けてくれるのが私たち自身以上の偉大な力（神、源、意識）だということを学べます。

ここで話を止めて、神という概念への私の基本的な態度を少しお話した方が良いかも知れません。ステップに初めて目を通した時、私は傲慢《ごうまん》だったので全く吟味しないまま、神という考え方そのものを毛嫌いしていました。その当時は論理的にも十分検討した上での結論だと言っていたのは確かなのですが、それは偏見そのものでした。私にとっての神は、説明できないことや迷信を説明するために人が作り出した概念で、神を信じることはその人の弱さを表していました。さらに言えば、口にするのもおぞましい悪と言える十字軍や異端審問、数えきれないジハードや聖戦、加えてニュースを賑わす不道徳で人を食いものにする輩や、酒飲みの聖職者などに利用されてきた概念だったのです。宗教や神の類を暴露することは、かつては朝飯前のことでしたが——今も変わりません。

　ステップはとても賢くて、私が間違っていることを納得させようとはしませんでした。ステップはその当時も今も、どんな宗教組織とも繋がっていませんし、神とはどういう存在か、あるいはどういう存在ではないかという定義も行っていません。教義の面で、笑い者にしたり誤りを暴いたりすることもありません。論点を逸らすことなく自分自身を調べるように委ねられ、そこで私は根本的で究極的な問いを自由に行えました。

　私が最も興味深かったのは、すべての概念の背後にある真実を見出すことでした。何の予告もなく、望んでもいないのに真夜中にしらふの状態に打ちのめされると、ぎこちない状況に陥ります。自分が人生の舵取りをしているという長年の無神論者の信念が、根本から揺るぎました。長い間自分の中に巣食っていた強迫観念が消え去ったのは疑いようもありませんが、同時に自分がそれを消し去ったわけではないのも明らかでした。では何が起きたのでしょう？

神や高次の力といった概念に手を焼いている人たちは、状況（出来事に関わる）という別の見方で調べることをお勧めします。自分史を見ると、どういう状況が自分の人生の中に入り込み、新しい方向へと進ませたのか簡単にわかるでしょう。見知らぬ人がドアから入って来て出会い、そして人生が変わるのです。恋に落ちたり、あるいは他の見方で物事を見るようになったり、突然自分の世界が違ったものとなります。これが状況の力であり、状況の最も意義ある特質は、それをコントロールする力があなたにはないことです。

「生ける教え」にある実践の一つに次のようなものがあります。まず、縦長の紙を横向きにして、中央に左から右へ横線を引きます。これが人生の時間軸です。線の最初の場所に「誕生」と書いたら、時系列に人生の重要な出来事を書いていきます。それが良い出来事だと考えるなら線の上側に書きます（もっと良い出来事なら線のさらに上側に書きます）。その出来事が良くなかったと考えるのならば線の下側に書きます（もっと良くなかったと考える出来事なら線のさらに下側に書きます）。そして重要な出来事を現在に至るまで全部書き出します。これをすべて終えたら、人生の主な出来事での状況の役割を見つめるのです。それは素晴らしい体験となるでしょう。

ステップは旅であり、目的地ではありません。ステップ2が独自の小さな旅となる人もいます。すべてを担っている自我よりも偉大な力があることを段々と信じていく過程となります。何年も経過した後にその過程を振り返ると、私が懸命に近付こうとしていた間に逆に近付かれていたのがわかりました。でも当初私は懸命で、じれったいほど答えが欲しかったのです、今すぐに！

ステップ1での少なくとも一つの事柄に関する無力の認識は、壁の割れ目のようなものだと言いました。「作者錯覚」は人生のほとんどをかけて妄想の壁を作ってきましたが、ステップ1を終えると、その壁にある割れ目が少し大きくなりました。まだ小さいのですが、そこを通して光が通って来るので割れ目のあるのがはっきりとわかったのです。光が見えたので割れ目から掘り始め、少しずつ広げました。穴を掘るには幾つかのやり方があります。

私が受け取った多くの恩寵の中で特筆すべきものの一つは、リーと出会ったことです。その出会いは、彼が九年以上断酒をして、インドへのスピリチュアルな巡礼から帰って来た時でした。彼は膨大で多様なスピリチュアルの蔵書を持っていて、それを眺めに来ないかと私を誘ってくれました。「気になる本は何でも手に取って読んでみて、気に入らなければ棚に戻して他の本を読めばいいですよ」と彼は言いました。

こうして私は、ジョエル・ゴールドスミスやマイスター・エックハルトなどのキリスト教神秘主義、ティク・ナット・ハンやペマ・チョドロンなどの仏教、老子や荘子などの道教、OSHOやラム・ダスといった近代のヒンズーの教えに加えて、ユダヤ教神秘主義やスーフィー（イスラム教神秘主義）、さらにはアラン・ワッツのような折衷ものの著作にも触れていきました。

数千年に渡り、様々な文化の幅広く多様な視点が存在しながらも、それらすべてがある一つの真実を指し示そうとしているかのようでした。私はその真実が何なのかを正確に把握はできませんでしたが、それがあるというのは腑に落ちたのです。

「ビッグブック」には次のような一節がありました。「先入観や偏見を脇に置いて、自分自身よりも偉大な力を信じる意思表示を行えば、結果はついて来ました。神と言えるその力について、十分には明確でなかったり、理解していなくても、問題にすらならなかったのです[10]」

私は自分以上の力と自分自身よりも偉大な力を信じる意思表示を行ったのかは正直確信が持てませんが、成長し続けていた私の自我（「作者錯覚」）以上に大きな何かがあるのは確かでした。そして「……その力について、十分には明確でなかったり、理解していなくても、問題にすらならなかったのです[11]」という主張が大きく扉を開けていました。私は定義できない力である神、そしてそれを「彼」と呼ぶことなども喜んで許容しました。見た目が男性で人型の彼らの神を私に信じさせるための巧妙で隠された計画なのではという疑いも、私はゆっくりと手放し始めました。

宗教やスピリチュアルへの強い信念を持ってステップを始めた人たちにとって、ステップ2はより捉え難い挑戦となるでしょう。自分が信じているものを新たな視点と開かれた心で調べられますか？　ステップ2は信じているものを熟考と率直さという光で調査し、再確認するための呼びかけです。この過程をやり切った人々は、信念が強化され信頼が活性化したとしばしば伝えています。

このステップでの「生ける教え」の見方は、二歳の頃から私たちは皆正気を失っているというものです。生まれてから二歳頃までの私たちはあるがままに命と完璧に調和して生きています。好きなものが好きであり、嫌いなものは嫌いなのです。生来（遺伝学上）の気質に従って出来事に瞬時に反応し、誕生の瞬間から経験（条件付け）を形作っていきます。すべての思考や感情や行動は自然であり、そのまま現れます。その後、二歳頃になるとまるで私たちの内側のスイッチが入ったかのようです。私たちはある種の妄想を持った存在として生き始め、自分を分離し独立した存在と見始めます。自分自身を思考や感情や行動の作者であるかのように信じ始めるのです。

まさに劇的に人生が変わります。突然、「したい」から「べき（はず）」へと足場を変えるのです。私たちの欲求はもはや単純でも率直でもなく、自分が欲しいものは得られる「べき」という考えによって複雑になります。結局、私たちは独立していて力があるということではないのでしょうか？　私たちは望むことを実現できる「はず」なのですから。

この変化が起きると、私たちは初めて苦しむようになり、この時期は「魔の二歳児」とも呼ばれたりします。赤ん坊の時も痛みやフラストレーションを確かに感じますが、「**そんなの嫌だ！**」という感覚によって、それらが何百倍にも増幅されるのです。

「生ける教え」では、痛みと苦しみの区別は重要です。痛みはその瞬間に起きたことに対する反応です。苦しみはその瞬間に起きた現実の痛みを、過去や未来の幻想の世界へ投影することです。「こうすべきだった」とか「次は多分こうなるだろう」といった物語は、痛みを苦しみへ変換し、増幅させます。痛みは起きている物事が好ましくないためにもたらされ、苦しみは起きている物事が起きるべきではないという感覚からもたらされます。

好き嫌いには喜びと痛みが伴いますが、それは人間の機能的な部分です。近しい人が亡くなったなら、愛するものがここにいない喪失感からすぐに痛みを感じます。自分や他の誰かが近しい人の死に責任があったり防ぐことが可能だった場合に、その人は死ぬべきではなかったと感じると、喪失の痛みは苦しみに変わります。嫌なことが「べきではない」に変わるまさにその時、自分自身が世界全体と衝突して苦しんでいるのに気づくのです。簡単に言えば、苦しみは瞬間に存在する痛みの周りに「作者錯覚」が作り上げた物語から生じたのです。

私たちの多くは、この苦しみに対処する心理的過程を発達させています。ある種の安全弁なしには家族や社会の中で生活できないでしょう。そうした心理的過程が、自分は独立して力があり、コントロールする力があるという考えを支持する精巧な幻想の形を取るのです。反証がたくさんありながらも、それらの幻想は真実だと信じます。周りのほとんど誰もが似たような幻想を持っているという事実は、まさにどうかしています。

ステップと「生ける教え」は共に、二歳以前に知っていた正気の状態へ私たちを戻そうとしています。本来的な無力を認識することで、分離した個人としての私たちが突然無力な赤ん坊となるわけではなく、むしろ眼前の現実に再び目覚めて実際に起きていることと健全に調和して生き始めるのです。そのような調和した生き方は、時には痛みもありますが、苦しみからは解放されます。

大海と波

私たちより偉大な力が妄想を破る役割を担って正気へと回復させるのは、その同じ力が「すべて」を完全に行うことを担っているからで、それがステップ2における「生ける教え」の見方です。

「生ける教え」でよく使われる例えの一つに大海と波があります。それについては本書でも何度も繰り返し触れるので、ここで時間をとって吟味してみます。この例えでは、あるものすべては大海であり、それは存在しているものすべてです。大海という言葉は神、源、意識、一体性などの言葉と同じ本質を示していますが、大海のイメージは親しみやすく有用です。大海が動き出すと(ビッグバンであり創世)、波を作り出します。その波が存在する「物事」であり、この宇宙を形作っています。波は一時的に銀河や人間や原子などのすべての物事となりますが、それらには始まりがあり、存続して終わりを迎えます。波はまた私たちが比較したり分類できる特質も持っています。人間である私たちも波であり、私たちは変わっていく様々な特質を持ち、誕生し、生き、そして死にます。一つの波は大海のエネルギーの動きの一つであるという理解は、とても重要です。一つの波は大海を動く独立した水の一つの塊ではないのです。海岸に立って波が寄せるのを見ると、波の水は私たちに向かって来ているのではありません。波は水を通して動いているエネルギーの表現なのです。

人間という波は、他のすべての波と区別するという一つの特質を持っています。前にお話したように、私たち人間という波は二歳くらいに妙な感覚が発達し、自分は波ではなく分離して独立した小さな一つの水滴だという感覚を持ちます。分離して独立した存在だからこそ、私たちは独立した力を持っていると主張できるのです。私たちは分離して独立して力を持っている存在だという感覚は、「作者錯覚」という用語を使った時に言及したものです。

大海は存在するすべてだと述べて話を始めたのを思い出して下さい。これは実際に一粒の水滴が存在できる場所は、大海以外にはないことが現実だと言っているのです。従って、分離や独立という感覚は当然のこととして錯覚です。すべてとは別に私が存在していると言うのは無意味です。無意味かどうかはさておき、それが二歳以降のすべての人間が事実上持っている感覚となります。そのため私たち一般の集合的な経験は、独立した個人の力という主張に合意したものになっています。しかし、ほとんど誰もが真実だと同意しているとしても、それが必ずしも真実であるわけではありません。

「生ける教え」と12のステップのいずれも、自分が分離した水滴ではなくて一つの波であることを直接体験し、さらには大海としての自分自身を知ってスピリチュアルな目覚めへと育むことを目指しています。これが明らかになると、分離感覚や独立した個人の力という錯覚した主張（「作者錯覚」）は蒸発します。残るのはあらゆる理解を超えた平安です。これがステップ2で語られている正気に戻ることなのです。

それが今、あなたを見出しますように。

ステップ3

私たちの意志と生き方を、
私たちが理解した神の庇護に委ねる決心をしました。

五匹の蛙が丸太の上に座ってた。
三匹が飛ぶ決心をした。
何匹が丸太に残ってる?
答えは、「五匹」
三匹の蛙が飛ぶ決心をしたけれど、実際には一匹も飛ばなかった。

順調にいけば次のステップ4で行うことになりますが、自分の人生を振り返ると実現しなかった多くの決心をしてきたことに気づくでしょう。今のところ、私たちは無意識に一つの決心と一つの行動を因果関係の中で結び付けています。私たちは決心が行動を引き起こしたと言いますが、しかしそれは本当に真実なのでしょうか？　それが真実ならば、どの決心もそれに結び付いた行動を間違いなく起こしているのではありませんか？　私たち自身の人生経験はそうではないことを見せてくれており、少なくとも一つは別に関連する要因があるに違いありません。ステップと「生ける教え」のいずれも、的確にその他の要因を見出す手助けをしてくれます。

注記：ステップでは、神、あなた自身よりも偉大な力という用語を使います。アドヴァイタの「生ける教え」では、源、高次の力、状況、意識、大海という用語を使います。

私たち誰もが余りにもよく知っているのですが、何かをしようと決心するのはそれを実行するより簡単です（それは私たちが無力だからでは？）。そのため、ステップの作者たちはここで私たちを一休みさせてくれます。このステップで求められるのは、彼らが神と呼んでいる力に私たちの意志と生き方を委ねる決心をすることだけです。「生ける教え」の視点では、あなたの意志と生き方は既に神のお世話になってきたし、ずっとそうだったと理解することですが、これは絶対的に素晴らしいことです。決心は実際に存在する様相を認識するための、単なるもう一つの段階に過ぎません。しかし、「作者錯覚」はこのステージでもおそらく強力に活動したままですから、ステップは「作者錯覚」に仕事をしてもらうように言わば譲歩しているのです。あたかもステップは、「作者だという間違った感覚が取り除かれるまでの暫くの間は先頭に立って、決定したことに責任を持っていると主張して良いですよ。まだ知らないと思うけれど、さらにステップ4が始まると山ほどすることがあって忙しくなるはずだから」と告げているかのようです。

問題

誰もが問題を抱えています。お金の問題、人間関係の問題、健康の問題、セックスの問題、感情の問題、あるいは人生の豊かさに起因することでさえ問題になり、いずれも逃げることはできません。あなたにステップをもたらしてくれた問題から救われたとしても、神に完全に明け渡して自己束縛から自由になったとしても、私たちは「問題」と呼ぶことができる人生の場面に遭遇し続けるでしょう。ここに至ると、しばしば「もし無力ならば問題をどうすれば良いのだろう？　どう生きれば良いのだろう？　どうしたら思い通りにいくのだろう？」といった問いが湧き上がってきます。

「ビッグブック」には、「自分の意志で突っ走る人生は、上手くいくものではないと納得する」[12]必要があると書いてあります。ほとんど誰もがあなたに、強い意志の力は成功に必要な要素だと進言しているのを鑑《かんが》みると、これはかなり強い声明と言えます。この内容は世間の考え方に真っ向から反対するものですから。繰り返しになりますが、ステップはかつて全く想像できなかった人生のビジョンを提示しています。自己意志ではなく、私たち以上に偉大な力によって人生は営まれているという洞察へと、ステップは私たちを導いています。これの本当に驚くべきところは、このビジョンが成長するにつれて私たち自身が物事の実際の状況と協調しているのに気づくことです。苦しみが減っていき、自分の問題はやって来ては去って行くただの問題となります。心配が減り、問題を扱うのに十分過ぎるエネルギーがあるのに気づきます。どんな定義を用いようと、これは「成功」と呼べるでしょう。このビジョンはアドヴァイタの「生ける教え」が示しているものと同じです。

「私たちは神のように振る舞うのをやめなければならなかった」[13]

ステップ2は、私たちは正気に戻ることができるというのが基本的な認識でした。この時点で私たちが実際に正気になるのは極めて稀です。従ってステップでは、自己意志で思い通りにいかせる個人の力がまだ幾らかはあるはずだと信じている私たちの状況と向き合わせます。ステップ3では自己意志という考えそのものに立ち返るのです。「わかりました。物事を行う力を持っているなら、明け渡しをして、自己意志を高次の力へ引き渡しましょう」と書いてあります。神のように振る舞うことをやめましょう。

もし試行錯誤をしていたとしても落胆しないで下さい。『AA』の創設者たちは明け渡しをするためのあらゆる努力をして、「彼（神）の助けなしに自分自身から完全に解放されることなどないようです[14]」と認識したのです。自分自身の無力を認識すれば、これが完全に意味を持ちます。表面的には作者としての自分の「行為」に見えるものも、完全に異なる源の産物であることをそれ自体が明らかにするのです。

「新しい力が流れ込むのを感じるにつれ、心の安らぎを楽しむにつれ、上手に人生と向き合えることを見出すにつれ、『彼』の存在に気づくにつれ、今日の、明日の、これから先への恐れが消えていきました。私たちは生まれ変わったのです[15]」

「ビッグブック」から引用されたこの内容は、スピリチュアルな目覚めの過程を通して見出されれる、パラドックスのように見えるものの一つを指摘しています。個人の無力がわかるにつれて、そして私たち自身より偉大な力に明け渡すにつれて、私たちは「新しい力の流入」を感じ始めるのです。この新しい力は「作者錯覚」が主張する力とは明らかに全く異なる性質を持っています。それは私たちの中を流れますが、私たちに端を発するものではありません。このような力は私たちを啓発しますが、「作者錯覚」によって主張される力は、果たせない責任や義務で私たちを圧迫するだけで、最終的にはいつも失敗へと運命付けられています。

自己意志という考えを明け渡すためのステップ3で行うこの決心は、次のステップが上手く進むためにも重要です。ステップ4では、自分自身以上の偉大な力を取り入れる必要があります。あなたの内的風景は、一人では行きたくないようなひどい地域なのです。自己意志が人生の秀でた取り組み方になると頑なに信じていると、ステップ4ではもがきながら進むことになります。

恩寵によって、在ることに明け渡すこの過程のさらに先へと進んで行けるようになります。多くの場合、認識は次第に深まっていきます。しばしば「アクション・ステップ」とも呼ばれる以降のステップの目的は、この深みへと導くことです。

薬物や賭け事、スピリチュアルの探求のような物事や振る舞いに関する依存症はないが、自分自身の無力に関する可能性を開こうとしている読者にとっても、以降のステップは有益なものだと気づくはずです。発見することは、まだまだたくさんあります。

それが今、あなたを見出しますように。

ステップ4

綿密に、恐れることなく、自分自身の道徳的な棚卸しを行いました。

まさに人生の本質は私たちの関係性の中に見出せます。人々や物事との関係性は、私たちがどんな人物なのかをしばしば明らかにします。そのような関係性を分類すると、パターンが浮かび上がってくるのに気づくかも知れませんが、これらのパターンは過去の私たちを明らかにこそすれ、未来の私たちを束縛するわけではありません。

人との交流の仕方、出来事との結び付き方、自分の思考や行動への繋がり方、分離した自己よりも想像以上に偉大な力との関わり方、これらはあなたの人生の構成要素です。自分自身を理解するには、まずこれらの関係性の棚卸しをする必要があります。利己心、不正直、恨み、恐れは、素晴らしい関係性や究極的には成功する人生から私たちを遠ざけてしまいます。ステップ4ではこれらを考察し、そしてこれまでの人生にどのように現れてきたのかを紙に書き出します。

私たちの物語

ステップ4とステップ12では私たちの物語について語ります。誰もが物語を持っていて、私たちの人生がそれぞれの物語となっています。純粋で真正かつ正直な語り手であるほど、ステップ4とステップ12では成功するでしょう。「真実を語れ」、これが私たちの座右の銘です。謙虚さが備わるにつれて、自分の人生について語る話、つまり真実とされている話は客観的で絶対的な面から見ると、真実ではないことを私たちは認め始めます。真実に関しては誰も独占権を持っていないのです。私たちの信念や記憶のフィルターが色付けをしています。多くの人が物事を全く異なる見方で見ているに違いありません。また、私たちのものの見方は変わりやすく、見方が変われば私たちの真実も変わってしまいます。とは言え、将来もっと明らかになる事実があったとしても、私たちが関わるべきすべてはその時点の自分の真実なので、それを最大限に使うようにと励まされます。

ステップ4のやり方

ステップの最も素晴らしい側面は、生き生きしていて柔軟性があるところかも知れません。『ＡＡ』の創設者たちは「オックスフォード・グループ」の「キリスト教徒のステップ」を、アルコール依存症からの回復における多様な必要性に応じられるように形作ったので、『ＡＡ』の12のステップは人々が幅広い範囲の衰弱性疾患から回復する助けとして適用されてきました。言わば、ステップは多くの目的に沿って曲げられてきましたが、竹のように柔軟なので割れることはなかったというわけです。

「ビッグブック」の第5章には12のステップのインストラクションの原文に加えて、文字通り何千とは言わないまでも、ステップ4を実行するための詳細なガイドが数多くあります。ステップ4は、間違ってするのは不可能な物事の一つと言って良いでしょう。そして何よりも重要なのは、それを実行することです。

ステップ4を自叙伝のように、人生で思い出せるすべてを記録しようとする人もいます。これも確かに一つの方法ですが、速筆家でなければすべてを書き出すには膨大な時間が必要となり、ステップ5に辿り着く前に飽きてしまう危険性があります。「ビッグブック」はそれほど平易に記載しているわけではありませんが、より絞り込んで簡素化しています。人生での重要な出来事のリスト作りには「相手」、「出来事」、「受けた影響」、「自分の役割」の四つの欄を設けるように書いてあり、その中で重視すべき項目は恨み、恐れ、セックス、罪悪感となっています。

始める前は、精神的に圧倒されてできそうもない作業のように感じるかも知れません。大規模な計画は、外側から眺めるとしばしば無理に思えるものです。そこで一冊の本を書くことと比較してみます。私はいつも新しい本を書く段になると、もう自分は書けないと叫ぶ大声を聞く羽目になります。自分はのろまだし、書くのが好きではないし、人が興味を持つことなんて何もないし、もう前に全部やったし云々。でも、ほとんど毎日一行は書けます。一行書けた後に、時には一段落まで行き着けることもあります。調子の良い日には数段落や一、二ページ進むこともあります。半年、一年、五年経った後、そんな文や段落やページが積み重なって一冊の本になるのです。実際、私にとってこの本はここ二十年で五冊目になりますが、机に向かうたびにもう書けないという感覚に襲われます。実行するには膨大過ぎるのです。

ステップ4で棚卸しを書き出すのもこれと同じです。一気に全部をやろうとする必要はありません。できる範囲までやって、無理せずに、毎日少しずつやるのです。できる限り自分に優しくしましょう。リラックスして気楽にやるのは、必ずしも怠惰ではありません。

12のステップを終えてその恩恵を明らかに受けている人に近付きになれるのなら、是非その人にサポートをお願いすると良いでしょう。その人たちは彼ら自身の確固とした経験を分かち合ってくれ、その過程で陥りやすい落とし穴も教えてくれるでしょう。

ステップ4は、道徳的な棚卸しについて語っています。私の最初の反応は、ステップがユダヤ・キリスト教倫理に私を同調させようとしているのではという懸念でした。一旦落ち着いてそれについてしっかり検討すると、「道徳的」とは単に「正しいか間違っているか」を意味していることがわかりました。無限に広大なステップは、私たちに正誤の判断の余地を残している上、いかなる特定のグループの定義であれ、私たちが採用するのを期待してはいないのです。道徳的な棚卸しでは、人生の中で私が行ったことで、これは正しいとか間違っているとか、良いとか悪いとかと私が考えているものを書き出すのだとわかりました。つまり自分自身に正直に、特に他人との関係性における自分自身に関して正直になることを求められていたのです。

他人は関係性を成立させるには明らかに必要ですが、ステップ4で強調されるのは自分自身です。ややもすると他人の棚卸しになりがちなのですが、そうならないように注意を促しています。

「何か」対「なぜ」

個人の棚卸しをする場合、その物事が「何か（WHAT）」という検討と、「なぜ（WHY）」という検討の両者の違いに細心の注意を払うことが役立ちます。「なぜ」は、実際に起きた物事について語る物語の一つですが、その物語は空想の産物で、私たちの経験である「何か」から目をそらさせます。「なぜ」はいつも相対的で主観的ですが、「何か」は遥かに直接的で全体的です。

ステップ4では、私たちは物事の「なぜ」ではなく、物事が「何か」に焦点を当て続けようとします。物事を「何か」として語る時、利己的か批評的になる危険性は大きく減少します。したこと、心配していること、恨んでいること、罪悪感を感じていること、性的な行為をしたことなどを書き出すのは、出来事の理由を書き出すよりも遥かに簡単です。また、棚卸しリストを作るのにとても重要な出来事の原因や状況を検討する場合、その原因は「何か」、それを存在するようにした条件は「何か」に焦点を当てます。この見方は、最終的には私たちを源（大海）へと連れ戻してくれます。私たちは次第に、出来事（波）を装った源（大海）が原因であることを実感し始めます。

マインドが「何か」から「なぜ」に焦点を戻そうとし続けるのに気づくかも知れません。「なぜ」

は「作者錯覚」が王様でいられるところだということを思い出して下さい。あらゆるできたはずとべきだったを支配下に置いています。なぜ、この方法でしなかったんだろう？ なぜ、あの方法をしなかったんだろう？ 「なぜ」は憶測と自信のなさへと繋がります。「何か」は自分自身の経験の真実に私たちを根付かせます。

正直

「私たちの道をしっかりと辿りながらも回復できなかった人は稀です。回復できなかったのは、このシンプルなプログラムに自分自身を全面的に明け渡すことができないか、したくないという、自分自身に正直になれない気質の人の場合です。そのような不幸な例もあるのです。それは生まれつきの気質なので、彼らの過ちではありません。厳密な正直さが要求される生き方を理解し、成長させることができないのです。そういう人は回復するのが平均より低くなります。一方、深刻な情緒障害や精神疾患がある人もいますが、正直になる能力があれば大半が回復します[16]」

「ビッグブック」からのこの引用は、世界中の12のステップの集会の最初に読まれています。正直は明らかに成功の鍵と見なされていますが、正直という言葉は何を意味しているのでしょう？　私たちは通常、正直さを行為という側面から考えます。盗みをせず、嘘をつかず、騙しもしないなら私たちは正直となります。自分自身に正直でいるとは、自分自身に嘘をついたり騙したりしないことを意味するのに違いありません（ステップ4を実行するのに特に重要な資質の一つです）。

「生ける教え」での正直は、明らかに異なった意味を持っています。正直とは在ることの真実を認識するのと同義になります。この「在ること」は無条件にすべてを、良し悪しや美醜などのすべてを含んでいます。どこを見てもそれです。見ること自体でさえそれなのです。自分自身（過ちや限界のすべてを備えた）もそれだということを見出すでしょう。

大きく考える前には小さく考えねばならない。
神を知りたければまず自分自身を知らねばならない。
どの旅も小さな一歩から始まっている。

ラム・ツー（著者の処女作でのペンネーム）

紙に書き出す

ステップ3では、自分自身より偉大な力へ委ねると決心したわけですが、ステップ4では、そうした人生に関する性質や特徴を紙（もしくは同等の機器に）に書き出します。

ここに今あるのは何か？　私が好きなのは何か？　私の特徴は何か？（恐れることなくこれをやりきるように勧められています）。私の性的な性質は何か？　他人が私にしてくれたことや私が他人にしたことは何か？　私の強みは何か？　私の責任は何か？　恨みがあるか？　そうならばそれらは何で、それらはすべて共通の根を持っているか？　これらの恨みを持続させるのに私がしている役割は何か？

実際はしたのに、絶対にしていないと言い張るようなことはありますか？　もしかしたら子供の眼前で立てた人差し指を振りながら舌打ちして非難するといった単純なことだったのかも知れません（あなたの母親の仕草ですが、自分は子供には絶対にしないと誓いましたね）。もしくは悪い行いだとわかっていながらも婚外交渉を持ったことかも知れません。自分の人生を吟味すると、そのような幾つかの「当惑させるもの」を思い出すでしょう。絶対にしていないことになっている、あなたのしたことはありませんか？

それらの問いへの答えを探すのに、ステップ4の棚卸しの過程は上手くいく仕組みを提供してくれますが、アドヴァイタの「生ける教え」はステップが提案しているものよりさらに他の問いの層を付け加えます。

他人や出来事、自分自身との関係性の一覧ができたなら、「生ける教え」は自分のやり方を推し進めてきたものが何なのかという問いへ、深く働きかけられるようにサポートをしてくれます。私たちの価値と調和して振る舞える場合もあれば、そうできない場合もあるのはどういうことか？　そのような特徴はどこから来るのか？　今の自分を作ったのは何か？　私がこのような自分を作ったのか、それとも幅広く複雑な力の結果でこのような自分となったのか？　物事を他人とは違う見方で見ているか？　もしそうなら私たちのうちの誰かが正しくて他が間違っているのか？　どうしたら確信が持てるのか？　何が物事の見方を決めているのか？　何が物事へのビジョンを時には劇的に変えるのか？　これらのすべては誰が行っているのか？　知ったこっちゃない?!

「作者錯覚」の通常の表面的な主張は、「私―作者錯覚」に責任があるというものです。「私」は上手くできたはずだし、そうするべきだった。「私」は誘惑に抵抗するべきだった。「私」はもっと強く賢くなるべきだった。「私」は自己中心的だったり、わがままをやめるべきだった。

「生ける教え」はそんな「作者錯覚」の主張の背後を、かつてないほど深く調べるように促します。行動自体に先行したり、取り巻いていた要因や条件付けは何だったのか？　子供の眼前で人差し指を振りながら舌打ちして非難する時、宇宙の力がその行動にどのように働いているかわかりますか？　その時にホルモンはどのような状態だったのでしょう？　血糖値はどうだったのでしょう？　その前に起きた何かが気分に影響したのでは？　前の晩に十分な睡眠が取れなかったのでは？　もう一人の子供が壁一杯にペンで落書きをした後だったのでは？　想定外の出費がわかったばかりだったのでは？　あなたや愛する誰かの健康状態が良くないという知らせが入ったのでは？　何一つ影響がなかったと言えますか？

　人生での肯定的な出来事はどうでしょう？　今あるすべてのものが贈り物であるとわかりますか？　一生懸命働いて稼いだのだと思っていたとしても、その稼ぐことができる能力は贈り物だとわかりますか？　稼ぐための聡明さや気力や健康やエネルギーを、あなたは十分に与えられています。稼ぐために必要な力はどこから来ているのかを考えてみましょう。

　どの行動も因果の膨大な織物にどれほど繋がっているかをわかり始めていますか？　自分の特徴や振る舞いがどれほど密接に遺伝学や人生経験（条件付け）と関わっているかをわかり始めていますか？　人格の特徴が実際にはどこから来ているのかがわかると、それらの特徴に責任があると誤った主張をする「作者錯覚」の声に心を留める機会が減っていくでしょう。調べるとわかり、わかると理解が生じます。

「私たちの多くは道徳的、あるいは哲学的な信念をたくさん持っていましたが、したくてもそれらに沿って生きることはできませんでした。自分の力でどう頑張ってみても、私たちの身勝手さを少しも小さくできなかったのです」[17]

ステップ4で自分の恨みや恐れや性的歴史を検討すると、自分の道徳観や哲学的な信念が実際の振る舞いからいかにかけ離れている時があるかがわかり始めます。例えば、他人に寛大であるのは正しいと信じていても、身勝手に振る舞う場合があります。家庭内では正直であるべきだと信じていても、大小様々な嘘をつきます。「生ける教え」ではそのような振る舞いの究極的な源を探求します。それは私たち自身なのか？　それとも私たち以上の何かの力なのか？　宗教的な背景を踏まえて、ステップの作者たちは、神は彼らが良い振る舞いをする「手助け」をしなければならなかったと認識しています。「生ける教え」では、理解が深まるにつれて神と私たちとの区別はぼんやりしてきます。とは言え、私たちはさらに先に進みましょう。ステップ4では、ここに何があり、ここまでの人生で何が起きたのかを記録することが中心になります。その意味は後でわかります。

ステップが私たちの否定的な振る舞いについて論じる時、私たちは悪いのではなく病んでいるのだとすぐに指摘し、罪悪感の泥沼にはまらないようにしてくれます。病んでいるということは、私たちの行動は外へも影響します。これは私たちのほとんどが自分にも他人にもひどいことをしたということです。棚卸しの過程でこれらが表面化すると「作者錯覚」は責任を主張し、一般的に衰弱させる反応としての罪悪感が生じます。罪悪感が強くなり過ぎると、これ以上続けられないと感じる時もあります。自分が悪かったり正しくないのではなく、病んでいるという可能性を受け入れると、罪悪感は軽くなって再び先へ進めるようになります。病であっても私たちの行動の言いわけにはなりません。この先のステップ8と9では、他人を傷付けたすべての出来事に関して償《つぐな》いをする必要がまだあるのがわかるでしょう。

棚卸しには、他人にやられた何らかのひどい仕打ち(特に恨みへと結び付くもの)も含まれます。主な事柄をすべて紙に書き出してそれを検討すると、上手くすれば、これまでの正気とは言えない人生には幾つかのパターンがあるとわかり始めます。自分や他人がとった否定的な行動を、コントロール不可能な病の産物だったと見ればゲーム全体が変わります。恨みや罪悪感や憎しみ（自分と他者の）が、自然と湧き上がらなくなるのです。それは奇跡です。

宗教的な背景を踏まえた「ビッグブック」では、神に個人の欠点を取り除いてくれるように祈るのとほとんど同じ方法で、他の人たちが病から回復するように祈ります。「生ける教え」では、この非難なしに受け入れる状態を、本当の自分は誰かという探求とその答えを超えたところにある直感的な理解を通して、究極的な無力を認識した自然な結果としています。

個人の棚卸しをしていると、「自分は完全に正直なのだろうか？　仮に十分に正直でないとしたら？　自分の覚えていることが本当ではないとしたら？」といった疑問に悩まされがちですが、「その時点において自分はできる限り正直である」と言えるだけで十分だということに多くの人が気づきました。12ステップのプログラムの特色の一つは、それを続ければ正直さの範囲が広がり、確実に前進しながら展開していくということです。

ステップ4は、人が思うほどに難しくはありません。自分が誰で何なのかをただ調べるのです。最初は表面から、そして少しずつ深い所へ働きかけます。自分自身を調べ、気づいたものを書き出し、それについて熟考してみましょう。とても骨が折れる作業とはせずに、蟻が顎で砂粒を運ぶのを観察する子供のような、単純な好奇心からアプローチしてみましょう。

恨み

恨みに関するリストを作るのは、ステップ4での大切な作業の一つです。「ビッグブック」には、恨みは「第一の犯人」と書いてあります。恨みは、私たちが依存症で安らぎや脱出を探す羽目になった苦しみを引き起こす原因であり、文字通り私たちを殺そうとします。

「様々な形で現れた自己が私たちを打ちのめしたのだと確信し、私たちはよくある自己の現れ方について熟考しました[18]」

「ビッグブック」が「自己」と呼んでいるものを、「生ける教え」では「作者錯覚」と呼んでいます。恨みのリストを作成すると、ある言葉が何度も何度も出て来ることに気づくでしょう。それは「べき（はず）」です。他の人がする「べき」だったとか、する「べきではなかった」と私たちが信じているものと、私たちの恨みは間違いなく関連しています。この「べき」という感覚は狡猾で命取りとなります。私たちを内側から腐らせ、分離、孤立させるのです。

物事を深く検討すると、この「べき」は在ることへの拒絶だとわかるでしょう。それは物事がこう起きるべきだったことを「私」は知っているという「作者錯覚」の主張なのです。これは私が考える正邪が絶対的に正しいという傲慢な信念に基づいていて、好き嫌いとは違います。誰かのしたことが好きではないことと、彼らはそれをするべきではなかったという感覚は二つの全く異なったものです。何かを好きではないと言う場合、本質的には自分の好みや自分のやり方を反映しています。これの方が好きなので、あれは嫌いといった具合です。それをする「べきではなかった」と私が言う場合、それは相手に対する判断であり、疑問の余地なく自分が正しいと信じている基準に基づいています。最も重要なのは、その時に相手がしたことに対して、相手はそれをしないで済んだはずだと私が思っていることです。私が絶対に間違いだと感じていることをせずに済むはずなのに、相手がしたのであれば、恨みは必然的に生じます。

恨みは、自分で毒を飲んで他人が死ぬのを期待するようなものだと描写されることがあります。この問題への一時的な解決策は赦《ゆる》しです。しかしそれは雑草の先端だけを刈るようなもので、また必ず生えてきます。より恒久的な解決方法は、恨みを根っこまで掘り出すことなのですが、それには受容を伴います。受容とは、起きたことが他の方法では起き得ず、個人の過ちではないと認識することです。何かに対する自分の判断は相対的で変わりやすく、絶対ではないという認識は言うまでもなく受容です。受容という態度には、自分が正しいと確信していることでさえ、間違いかも知れないという可能性が含まれているのです！　これは謙虚さとしても知られています。

受容が是認とは同じではないことに注意することが重要です。宇宙の機能で何らかの事象が起きたと受容できた時でも、まだそれが好きではないことはあります。そして、「そうではないはず」が現れると、罪悪感や恨みが必ず生じます。

「べき」を他人へ当てはめると恨みをもたらします。「べき」を自分に当てはめると罪悪感や自己中心的な恐れを生み出します。「私は〜べきだった」の根には、力に関する「作者錯覚」の主張があります。もっと違った行動を「私はするべきだった」と言う場合、私の行動は私個人の力の産物で、その力を誤って使ったという決めつけがあります。これが罪悪感なのです。将来「私が〜べき」ことを計画する場合、成功を保証するすべての起き得る可変性をコントロールするほどの力がないことを自分はどこかで知っていて、結果が怖くなります。

もう一度、個人の力という問いに向かい合いましょう。それを持っていると主張すると、私たちは否応なく苦しみます。「作者錯覚」の本質的に誤っている主張に囚われなければ、個人の無力は明らかになり、そこには平安があります。そのような平安は無条件であり、何か嫌いなもので不幸を感じる場合でも、それはそこにあるのです。

「生ける教え」は、私たちや他人のすべての行動は人生経験（条件付け）と遺伝的素因が相俟った複雑性を通して起きる、高次の力の産物だという認識を育てます。この遺伝的素因は赤ん坊にも見出せます。例えば、消極的な性格に生まれる人もいれば積極的な性格に生まれる人もいます。彼らが成長するにつれ、この生まれながらの資質を強化または修正するために人生経験が組み合わされ、まさにそれらの資質の総和が行動に影響を与えるのです。従って善かれ悪しかれ、すべての行動は、私たちが今まで考えていたような独立した個人の力の産物ではありません。そのような理解が生まれると、自分の行動によって罪悪感を感じたり自慢したりはしなくなり、他人がどれほど私たちを傷付けようが、彼らの行動を憎むことによって生まれる毒作用で自分を苦しめるようなこともしなくなります。

「ビッグブック」は自己（作者錯覚）が様々な形で現れることを指摘しています。これによって私たちは苦しみますので、ステップ４では自己の様々な兆候を見極めるように促されます。その手始めは恨みで、その次は恐れです。

恐れ

「私たちは自分の恐れについて徹底的に見直してみました。恨みには繋がらない恐れも紙に書き出しました。恐れを抱いた理由について自問してみました。自立に失敗したからではないかと[19]」

恨みと同じように、恐れと自己（作者錯覚）の繋がりは非常に重要です。ステップ4はそれを解明するようにデザインされています。自立は望ましく賞賛される資質であり、それを磨くようにとほとんど誰もが早くから教えられました。しかし実際に自立するには、個人の力を必要とします。自分自身が独立していると考えていても、人生経験を通して個人の力には限界があることを知っています。従って、「べき」と感じていることを実行するのに十分な力を持っていないかも知れないと認識する場合に、恐れが生じます。

恐れのリストができると、それらの中に共通して流れる脈絡に気づくようになるかも知れません。十分な力がなく、コントロール不十分という感覚に常に戻るのです。「作者錯覚」の活動は力があり、独立していると一時的に感じさせます。出来事や自分自身をコントロールできると信じさせるのです。この仮定された独立は孤立感を生みます。依存症はその感覚を強めます。依存症が進行している場合、自分は弱いという悲惨な証拠に常に直面しているので、力強くある「べき」という感覚を持ち続けます。依存症を持たない人でも、道徳や哲学的規範に則った行動を取れない場合、弱さと思われる証拠と向き合うことになります。

「生ける教え」の文脈では、弱さと無力は二つの全く異なるものです。弱さは個人の力の可能性が存在しながらも、それが十分ではないことを意味します。一方、無力はかつて自分がしたと考えたとしても、個人の力は幻覚であり、それを持ったことなど決してなかったという認識のことです。個人の力の主張が恐れや弱さを生じる一方、個人の無力に関する認識が正真正銘の強さを生むのは、人生の偉大なパラドックスです。

「スピリチュアルな生き方は理論ではありません。
私たちはそう生きなければならないのです[20]」

無力とは助けがないことではなく、運命論でもありません。私たちが最終的に個人の無力を認めると、行動し、考え、感じる力をどれほど与えられているかがわかり始める空間が創られます。ここでの最大の試練は、正しくない行動をする権利も与えられていると認識することです。優しく寛大に振る舞う力を私たちに与えている同じ源が、利己主義や自己中心主義でさえも与えていると認識する以前に、私たちの気づきはかなり拡がっているに違いありません。

私たちは独立した水滴ではなく、波であって、大海から切り離すことはできないことを認識し始めると、自己中心的な恐れは自然に消えていきます。私たちがすることは何であれ、波である私たちの姿や動きを通して表現される大海の働きだと気づくようになります。すべての力は大海に起因していて、波である私たちはその力の表現であり、その力をコントロールする側ではありません。恐れはそのような気づきの下で生き延びることはできないのです。

セックス

セックス以上に物議をかもす話題は想像できません。公衆の面前で真面目に話すのが稀な話題をリストアップするならば最上位になるでしょう。ステップは典型的な良識を持った立場は取らずに、正直さを不可欠とする自然な人間の営みとしてセックスを認識します。「生ける教え」でも道徳的な立場は控え、強く保たれた個人の価値観と実際の振る舞いの間で、しばしば大きな矛盾を抱える人間の営みの領域として見ています。このように個人の力やコントロールという主張を深く検討するには、セックスは肥沃な土壌です。もし道徳的だと信じることを実行する力があるなら、どうしていつも実行しないのでしょう？

私たちは道徳的な原則に従って行動できないと、そうしたしくじりを「魔が差した」と言ったり、自分自身が「弱い」のだと考えます。こうして個人の力はあるのだが、十分ではなかったと言うのです。そのような姿勢では、私たちは否応なしにさらなる力とコントロールを一生求め続けます。

いつそれが終わるのでしょう？　私たちはいつそれを中断し、辺りを見回して、追いかけていた力やコントロールというイメージは儚《はかな》い夢なのだと気づくのでしょうか？

ステップ４では、特に不正直さや利己主義、思いやりのなさに関連する自分の性的な歴史を書き出すのが作業の一つとなります。罪悪感や恥ずかしいと感じる過去の性的な振る舞いをしっかりとすべて書き留めます。罪悪感や恥ずかしさは、「作者錯覚」の活動を示す明らかな印です。私たちが罪悪感や恥ずかしさを感じるのは、適切に振る舞える力を持っていると感じていながら、それをしなかったと確信する場合だけです。「生ける教え」は、自分は個人の力を持っているという潜在的な仮定に疑問を投げかけ、それが真実かどうかを発見するように促します。

罪悪感と秘密

ステップ4は、ステップ10まで続く浄化のプロセスの始まりです。まだ書き出していない恨みや恐れや性的な自伝に、罪悪感を感じていたり秘密にして隠し続けているものもすべて含めると、最終的に役に立ちます。目標は、どれほど醜かったり恥ずかしいものであっても一つも残さずに、できる限り正直に行うことです。

私は誰か？

私は誰か？　「生ける教え」と同様に、これはステップ4で湧き上がる究極の問いです。しかし、ステップであれ「生ける教え」であれ、あなたに答えることはありません。共に指針や励ましを与えてくれますが、課題はあなたが達成するものです。

もしあなたが聡明なら、「話をしているあなたは誰なんですか？　あなたが言っている課題を達成するのは誰なんですか？」と上手く私に尋ねるかも知れません。

残念ながら、そのたくらみには引っかかりません。これは自分自身で見つけ出そうとする必要があるのです！
それが今、あなたを見出しますように。

ステップ5

神に、自分自身に、そして他の人に対して、自分の過ちの本質を認めました。

ステップ5は、ステップ4を完成させる重要な役割を担います。このステップでは、ステップ4での情報や洞察を信頼できる一人と分かち合います。自分の一部を秘密にしている場合、これは孤立感を和らげる機会を与えてくれます。しかし、人によっては今までの中で一番恐ろしくて、困難な作業となるかも知れません。恐れを乗り越えてこの重要なステップを行うと、結果の大抵は本当に目覚ましいものになります。自分がどんな人物で今まで何をしてきたのか(ステップ4)という、最も個人的で厳重に保持した秘密を他人と分かち合うことで、自分が運んできたとは認識さえしていない過去の重荷を捨てることになります。これは性的な振る舞いに関しては特に顕著です。狭く厳格に規定した境界線の外側にセックスを位置付ける社会に生きる私たちの多くは、セックスを恥ずべきで罪深くて道を踏み外していると見なします。ステップでここまで来た多くの人々は、過去の性的な振る舞いのために自分は「汚れている」という感覚を携えています。自分の秘密を信頼できる一人(12のステップを完全にやり切った人)にただ話すことが、生涯つきまとっていた罪悪感や羞恥心から私たちをどれほど解放してくれることか、それは本当に目覚ましいものです。

人類へようこそ

ステップ4では、こうあるべきと感じていることとは真逆の、実際の自分が誰であるかについて正直になるプロセスを始めました。ステップ5では、自分が誰であるかを他の人に認めてもらうことで、この正直さを世界へと持ち込みます。私たちが本当に生き生きと甦り始めるのは、ここからです。

自分自身の完璧なビジョンを維持し続けようとすると膨大なエネルギーが必要ですが、単純にあるがままの自分でいることは努力を要しません。私たちに不完全さ(ステップでは欠点や性格の短所と呼びます)があったとしても、ステップ6と7で考察するように、誰もが不完全なのです。そして自分ではない何かのふりをする重荷から解放されるのは、まさに恩寵です。

ステップ5は、人間の持つ慣例を洗い流します。ステップ5で私たちの話を聞いてもらう人は、その人が以前に守っていた秘密をしばしば分かち合ってくれます。このようにして自立、独自性、分離といった見かけは薄っぺらとなり、完全に色褪せていきます。そして私たち自身の人間性に再び繋がり、想定する独立した自分以上に、自分は遥かに大きな何かの一部だと認識するのです。何て途方もない安心なのでしょう！　何て並外れた自由なのでしょう！

運よく12のステップのグループに参加できた人は、ステップ5をやり遂げるかどうかが重要な節目となります。それは自分がそのグループの一員だといきなり感じる手ほどきが行われる通過儀礼となるからです。「積極的に参加している人」ではなくても、このステップをやり遂げれば必ずやって来る自由を経験した人への、親近感や絆の魅力的な感覚を見出すでしょう。

「ビッグブック」は他者と棚卸しを分かち合った後の反応のいくつかを記載しています。

「この世界と正面から向き合えるようになります[21]」

「完全な安らぎと安心した状態でいられます[22]」

「恐れが消えます[23]」

「創造主が近くにいることを感じ始めます[24]」

「スピリチュアルな体験をし始めます[25]」

「宇宙のスピリットと手を携えて歩んでいると感じます[26]」

もしこれを読んでいて実際には最初の5つのステップを終えていないなら、これは誇張だと想像するのも止むを得ないでしょう。でも、もし少なくともここまでステップをやり通したなら、おそらくこれらの言葉が示す感覚がわかるでしょう。自分は誰かという真実、さらに在ることの真実を最終的に理解することによって見出せる解放と自由が存在します。立派で完璧だと感じるために「良く」あるべきだとかつて想像し始めたその場所で、自分自身であることだけが必要なのだとわかるのです。

何という途方もない安心なのでしょう！

それが今、あなたを見出しますように。

ステップ6とステップ7

こうした性格の短所のすべてを神に取り除いてもらう準備が整いました。（ステップ6）

自分の欠点を取り除くように謙虚に神に求めました。（ステップ7）

ステップ6と7は、ほとんどいつも一緒に考察されてきました。元々は一つのステップだったものを、ちょうど一ダースに合わせるために二つにしたのではと私はずっと感じています。

七十年以上に渡って何万という集会が行われ、欠点と性格の短所の違いについて議論を戦わせてきました。ただ私たちの目的に合わせて、ここでは非常に微妙な違いを持ちながらも同じものを指している二つの用語としてお話しします。性格の短所はそこに存在するものなので簡単に認識しやすいのに対して、欠点は欠けているものなので容易には見出し難いものです。

「ラム・ツーは知っています。
あなたは完璧です。
あなたのどの短所も完璧に明らかです。
あなたのどの汚点も完璧に配置されています。
あなたのどの行動も完璧なタイミングで行われます。
神のみがこの馬鹿げた御技ができるのです[27]」

この2つのステップの本質は、個人の無力を認識し続けることです。ステップでは、欠点や性格の短所を直そうとは言っていません。欠点を取り除こうとするのは、ブーツを履いて立っている時につまみ革（訳注：指でつまめる輪状の部分で履き口の後部や側部にある）を引っ張って地面から浮き上がろうとするようなものです。

「ビッグブック」を読んだことがあれば、そこで言及されている神は、本の書き手の文化や宗教的志向を満たした男性的で具体的なイメージになっています。今日では、この神のイメージに共感しない人（私も含め）もいます。幸いなことに「ビッグブック」の書き手は、私たちに彼らの概念を共有するようには主張しません。ステップはこのように驚くほど寛容で、それぞれが各人の神、もしくはその不在という概念を伸ばして良いのです。それでもまだこの言葉に不快な人もいるでしょう。そのような反応があったとしても落胆しないで下さい。ただ、余りにも率直過ぎる宗教的な言い回しや言及の幾つかを避けて通ろうとしている間にも、ステップや「ビッグブック」から物凄い価値を多くの人が受け取っています。「ビッグブック」に取り組んでいた初期の頃、私はこの用語にとても反感があったので、幾つかの文章を消化するために「神」という言葉を消し、「無限の未知なるもの」と書き直していました。こうすることで結局は切り抜けられたのですから、私にとっては価値あることだったかも知れません。自我よりも偉大な力との関係が育つにつれて、他人のスピリチュアルな概念に反応することが減ってきているのに気づきました。他人に確認や同意、論拠を求めるのを私はやめました。他人がそれをどう表現しようが全く問題ではなく、それらの概念はすべて同じものを指し示しているとわかり始めたのです。そして私自身とそれとの関係が何より重要となったので、私が理解しているそれを「神」と呼んでも構わなくなりました。

アドヴァイタの「生ける教え」では、神を客体としては考えません。アドヴァイタでの神は「もの」自体ではなく、源であり、すべての実体でもある大海なのです。知性は客体のみしか扱えないので、大海を知ることはできません。言語が私たちをしくじらせるのは、まさにここです。言葉は常に存在する大海を指し示すことはできますが、客体ではないので、描写することはできません。

ところで、『老子道徳経』は非二元論の偉大なテキストだと多くの人たちが見なしていますが、その文章はこのように始まります。

「語られるタオ（大海、神）は永遠のタオではない[28]」

老子は自分がタオ（道）について書いたものを、絶対的な意味では真実でないとわかっていました。しかし彼はそこでやめなかった！　それについて書くや否や全くそれではなくなると知っていながら、彼はこのタオについて見事に書き続けました。なお老子をきっかけに言わせてもらうと、私は自分が書いたもの一切を真実だとは主張しません。しかし上手いことにこれらの指し示しているものがあなたのハートの中に残れば、その指し示しているものがわかるでしょう。また、老子の仲間である荘子は「言葉を持たない人を連れて来て欲しい。彼こそが私が話をしたい人だ」と語っていました。

「生ける教え」では、大海の例えは意識を示しています。このモデルによって、あなたは大海のみが存在することを思い出すかも知れません。世界のすべての物事は、大海の一時的なエネルギーの動きである波として理解されます。大海の動きは波として現れますが、波は大海から独立して存在できません。波が行うことのすべては大海によって決まります。

アドヴァイタという文脈において、ステップ6と7は重要な理解を示しています。私たちはかつて主張してきたような、個々の創造的な存在ではありません。だから私たちは欠点や短所を自分で創造したのではなく、それらを取り除く力も持っていません。

ただし公衆の面前でそのように力説をすると、自分には力があり独立していると信じている人たちから軽蔑と嘲《あざけ》りの集中砲火を浴びるので注意して下さい。あなたは逃避し、諦め、責任を放棄したとして、さらに多くの否定的な内容で非難されるのがおちです。誰かに何かを信じさせようとして、ここにいるのではないことを覚えておいて下さい。自分にとっての真実を見つけるのが私たちの目的です。そのような真実は、他人と討論して見つかるものではなく、自分が誰で何なのかを深く徹底して探求することから見出せます。在ることの真実をより直接的にわかるようになるにつれて、信念から明晰さへと足場を移します。明晰さにしっかりと立脚すると、他人が信じたり言ったりすることはもはや問題ではなくなります。在ることは、ただ在るのです。

真の謙虚さは、自分はあらゆる行為の作者ではないという確信です。謙虚に自分の欠点を取り除くように神に乞うのは、根本的に無力を認めることです。

明け渡しについて憶測する場合、自分よりも偉大な力へ明け渡せば何もしなくて良いのだと想像しがちです。神が為すのを一日中ただ座って待っているという具合です。それは私の経験とは違いますし、憶測を超えて実際に明け渡しと探求の道に踏み込んだ他の多くの人の経験とも違います。ほとんどの人にとって実際、明け渡しによって生じる束縛からの解放は、活力を与え、想像もしなかった方法で力づけてくれるものとなります。

「生ける教え」の実践の一つに、人生で最も重要な三つの出来事を書き出すというものがあります。そしてそれらの出来事に、自分はどれほどの責任があったのかを検討します。この実践をしたほとんどの人は、状況が人生で演じる重要な役割について明確に理解します。本物の謙虚さは、この認識から必然的に流れ出して来ます。さらに言うならば、私たちが人生を支配している張本人だったのなら、自分自身をあっという間に変えていたはずでしょう。

在ることの受容

私が初めてステップ6と7を行ってから二十五年以上経ちました。欠点や性格の短所はすべて取り除かれたとお伝えできれば良いのですが、残念ながらそうではありません。先のラム・ツーの詩にもあったように、私の至らなさは今日あるユニークな人として成り立っている部分で、それは神の力で与えられたものです。欠点や性格の短所がなくなることで解放が生じると想像しがちですが、それは幻想です。しばしば私たちが否定的に見なすことも含んだ今あるがままの物事の受容の中に、「本当の平安」を見出した人もいます。受容は是認とは違うことをもう一度言っておきます。物事のあるがままの受容は、単純ながらも今この瞬間の物事の状態についての完全な認識です。この物事の状態には、私たちの反応や判断も含まれるのです。

私の師であるラメッシ・バルセカールに最初に会った時、彼は受容と個人の無力についてしばしば話をしていましたが、私は断酒して二年間が経ち12のステップをやり遂げていたので、彼が話している内容を既に知っていると思っていました。「意識」（大海）がすべてを行っており、私たち（波）は単にその現れであるという彼の断言は揺るぎのないものでした。それはステップで私が理解したことと矛盾しないので、難しい内容ではありませんでした。しかし彼の話を聞いた翌日、帰宅すると五歳の息子が床に座って何かをしているのを見て「何度そんなことしたらいけないと言ったらわかるんだ！」と叱りつけました。私は怒り狂っていました。「ジャスティン、そんなことしちゃいけないと十五回は言ったぞ。でもやってる。どうなってんだ。もう我慢ならない。部屋へ行きなさい！」。彼がふらふらと自分の部屋へ行く一方で、自分が史上最悪のアドヴァイタの生徒であるかのように感じました。すべてが実際は大海によってなされているという学びを完全に忘れてしまったようでした。翌日、ラメッシの講話へ再度足を運び、自分の過ちを認めました。すべては意識が行っているということを忘れ、息子が自分の行動に責任を持てるものとしてどれほど叱ってしまったかということを余さず彼に話しました。私が話している間、ラメッシはそこで頭を振りながら座っていて、私が話を終わると「ウェイン、君が忘れたのは、君が息子を叱ったのも意識の現れだということだよ。意識がすべてを行っていると考えている時でさえ、君はいつも自分自身の行為を除外して考えているんだよ」と彼は言ったのでした。

「ただ存在できるなら、そうありなさい。
それができないなら、元気を出して他のことをしなさい。
何かをしたりしなかったりをすべて手放すまで！」

E・E・カミングス

私が今日知っている自由とは、宇宙が完璧な状態であるのを直感的に知っていることに根ざしています。この完璧な状態には自分の反応、感情、判断が、どんなに機能不全でも魅力的ではなくても含まれています。この瞬間にいる私は他のことはできませんし、次の瞬間には物事が変わっていることでしょう。

それは最も単純な真実であり、最も深遠なものの一つです。

それが今、あなたを見出しますように。

ステップ8とステップ9

私たちが害したすべての人のリストを作り、その人たち全員に喜んで償いをしたくなりました。（ステップ8）

その人たちや他の人たちを傷付けない限り、機会があればどこでも、その人たちに直接償いをしました。（ステップ9）

私にとってステップは、実用性という面で生きづいています。とても基本的でありながら、人が生活する上で深遠な原則を押さえているからです。例えば、

・より与えれば、より受け取れる。
・最も心の奥底にある秘密を他人と分かち合うことは、自由をもたらす。

・人生で作り出してきた混乱を片付けると、人生はさらに良くなる。
・個人の無力を認識することは、苦しみの終わりへ続く扉となる。

特にステップ4から10は群を抜いて実用性があり、そこで公言されているゴールはスピリチュアルな目覚めです。ステップは秘密と未解決の人生の混乱を、できる限り注意深く片付けていきます。なぜならそれらは、スピリチュアルな道で明らかに大きな障害となるからです。

何ら厄介事を起こすことなく、ずっとこの地上で生きていくのは難しいものです。依存症に苦しむ人は否応なく、敵味方いずれにも害を及ぼします。依存症がない人であっても、肉体的であれ精神的であれ財政的であれ、何らかの形で他人に害を及ぼすことを事実上確約するような、欠点や性格の短所を持っています。

もし厳格にステップ4の棚卸しをやり通したとすれば、自分が傷付けた全員の元となる十分なリストがあるはずで、それがステップ8の最初の部分に当たります。リストを完成させるための、償いについて考える時間がやって来ました。このやり方については、12のステップを行った様々なグループによる共有の経験談が山ほどあります。どの経験談も既に必要な箇所には手が加えられ、惜しみなく人(多分大勢)に話されてきました。償いの計画を実行する前に、償いの過程における他者の経験を参考にすれば、もしかすると大きな深い悲しみを経験せずに済む可能性があります。

私たちが他人を傷付けたことへの償いを通して自由を得る一方で、ステップはそのような自由が彼らや他の人たちを決して犠牲にすることがあってはならないと明確に指示しています。あなたを信じている夫に対し、彼の兄弟と寝たことをいかに後悔していようと、それを告白して不貞の罪悪感を和らげることはできないのです。

一般的に最も良い償いは、注意深い熟慮と計画の上で実行されたものです。あなたの計画した償いを、経験豊富な見識のある人と前もって分かち合いましょう。熱狂的だったり闇雲に急いだために、望んだ結果が得られなかったことを報告するだけとなった人もいるのです。代わりに、彼らは始める前よりもさらに大きな厄介事を抱える羽目になります。

その過程では時には困難で恐ろしいこともあるので、「ビッグブック」には意欲を育み直感と勇気を与えるために、ステップ4から9で書かれているように内的な大掃除をすることでしばしば安らぎ、心地良さ、穏やかさが得られると記載されています。それらの記載はまとめて約束として知られています。それらのすべてが私や多くの人の人生で真実となるのを見てきましたが、人生に何らかの保証があるとは私は考えていません。以下に記載されている約束に例外はありませんが、程度や早さは人それぞれです。


「新しい自由と幸せがわかるようになります。

過去を後悔することもなく、それに扉を閉ざすこともなくなるでしょう。

平静という言葉を理解できるようになり、安らぎを知るでしょう。

かつてどれだけどん底だったとしても、自分の経験がどれほど他者の役に立つのかがわかるでしょう。

役立たずとか自己憐憫という感覚が消えていくでしょう。

利己的なことに関心が向かなくなり、仲間へと関心が向くでしょう。

身勝手さは静かに去って行くでしょう。

人生に対する態度や見解のすべてが一変するでしょう。

人への恐れや経済的な不安もなくなるでしょう。

私たちを困惑させていた状況への対応法が直感的にわかるようになるでしょう。

私たちが自分自身のためにできなかったことを神がやってくれると突然理解するようになるでしょう[29]」

前にも述べたように、断酒が二年を過ぎた頃、ステップのスピリチュアルな側面と、私を突然しらふにした原因である宇宙の力を知りたいという願いが結び付き、スピリチュアルの教師であるラメッシ・バルセカールに出会いました。その時には、彼が私のスピリチュアルな成長において、唯一最大の影響を与えるとは少しも思っていませんでした。二十二年後の二〇〇九年に彼が亡くなるまで、私たちの人生は密接に編み込まれ、彼への愛は筆舌では尽くし難いものとなりました。

インドの銀行の頭取を引退したラメッシは、長年興味があったアドヴァイタについて学びを再開し、やがてはその世界で多くの本を出版し深く愛される教師となりました。私たちが出会って間もなく、「ビッグブック」の約束についてラメッシと分かち合う機会があり、深いスピリチュアルな理解を得た人物や賢者が書いたような優れた描写だと彼は語りました。その時に初めて、12のステップに示された原理の本当の普遍性を理解したのです。オハイオ州アクロンで自明の真実は、インドのムンバイでも同一です。言葉遣いや文化的表現は勿論相違しますが、内在する個人の無力に関する原理は同じなのです。

意欲

それに人生のすべてが懸かっているように生きなさい。

ラム・ツー

ステップ8では、意欲に関する疑問と再度向き合います。前にも考察した通り、私たち自身の力では意欲を作り出せないのに、前進するためにはそれが必要とされます。信心深い人は、意欲が出るように神に願うことを強いられ、すぐに現れない場合は願い続けます。信心深くない人であれば、意欲を増すために幅広く色々な方法で取り組むかも知れません。ただ一つ確かなのは、意欲を出すのに確実な方法があるとすれば、既に耳に入っているはずです。結局、意欲を認識するのは意欲が起きた時であって、私たちは意欲を出すことに関して無力なのです。

「意欲」という言葉はステップを通じて何度も何度も出て来ますが、私が難儀したものの一つと言えます。当初、「ビッグブック」を書いた連中は、自己意志があるという私の思い込みが悩みの元(私が買って出たもの)だという見解を繰り返しておきながら、急に方向転換して、悩みの解決方法は意欲を通してだと、どうしたらそう言うことができるんでしょう?! わけがわかりません!

その難解さを私の親愛なる教師であるラメッシが、ある話を通して解決してくれました。彼のアドヴァイタの師であるニサルガダッタ・マハラジは、「意識（神）がすべてを行い、あなたは何もしていない」と一息で言い、さらに一気に続けたそうです。「スピリチュアルな目覚めを得るには熱心でなければいけない。何よりもそれを望まなければいけない。溺れている者が空気を欲しがるように」

家へ帰ったラメッシは、この矛盾する二つの断言に髪を掻き毟《むし》ったとのことです。最初にあなたは何もしていないと言った後で、あなたは熱心でなければいけないとはどういうことなのでしょうか？

ラメッシが最終的に理解したのは、師が話していたのは説明書のようなものだということです。つまりスピリチュアルな目覚めがやって来るには、熱心さが起きる必要があることを説明していたのです。一方、ラメッシが聞いたのは（「作者錯覚」を通して）、熱心になるために自分がするべき指示書の類だったのです。こうして「説明」書と「指示」書の二つは全く違うことが明らかになったわけです。

意欲は自分が起こさねばならない何かではなく、恩寵のように起きるものだとわかり始めると、この件に関する緊張状態が消えていきました。

「ビッグブック」は同じような理解を示しています。

「自己意志で生き、取り仕切ろうという努力で積み上げたガラクタを、私たちは一掃しようとします。そうする意志がなければ、それが生まれるまで願うことになります[30]」

願うことで必ず意欲が起きるわけではありませんが、願うことが起きたのであれば、それは意欲の一部だと見なしても良いでしょう。ステップでの自分の経験を振り返ると、いかなる意欲であれ、純粋な恩寵、言い換えると「神からの過分な寵愛」だったのは明らかです。

償い

自分が償いをする段になると、満足のゆくしっかりとした準備をしたはずなのに、怯えがありました。私はかつて、店のレジと自分のチップ入れ瓶をたびたび混同してたので、あるバーのオーナー（私を雇ったことで大損をした）にかなりの負債がありました。しかし、さらに怯えていたのは、私は何年も現在の仕事のパートナーに正当な額よりも少ない報酬しか支払っていなかったので、それこそ彼への借りは大金でした。彼の信頼を裏切り騙していたことを認めなければなりません。私は彼が関係を断ち切り、私を仕事から放り出すのを恐れていました。

バーのオーナーには、自分の家族に迷惑をかけない範囲で毎月の返済をしたいと提案したところ、彼は了承してくれました。数年後、損失分を完済、最後の支払いが終わると、彼からとても素敵な短い手紙を受け取りました。そこには私を「とても称賛している、幸運を祈る！」と書かれていました。

仕事のパートナーに関しては、私にとって驚きでもあり安堵したのですが、信頼を損ねたことへの謝罪を受け入れ、減額分を返済するという申し出に同意してくれました。六年かかりましたが全額返済できました。私たちの仕事は繁盛し、彼はそれ以降十年以上も私をとても信頼し、重要なポストを任せてくれました。今回の彼の信頼は間違いではありませんでした。

このような償いは一時的に困難や怯えがありますが、非常に簡単です。自分が害した人へ直接償いをすることが難しい場合は、創造的になる必要があります。私の償いリストには名前を知らない人が一人記載されていました。

オーストラリアのグレートバリアリーフにあるダンク島のパーティに出席した時、私は二階の手摺からグラスを落としてしまいました。グラスは地面に落ちて割れたのですが、私は素知らぬふりをしました。しばらくして、悲鳴が上がると大量に出血した男性が部屋に入って来ました。彼は裸足で割れたグラスの上を歩いたために数箇所のひどい傷を負ったのですが、私は何も言えませんでした。断酒を始めてから十三年が経過したロサンゼルスで、この人を見つけて償いができる可能性はほとんどありません。そこで別の償い方法で解決しましたが、それは一般的で、生活に根ざしたものです。私は今日までずっといつでもどこでも、裸足で歩く人のいるところ（海辺や公園など）では、ガラスの破片を見つけると拾ってゴミ箱に捨てます。簡単なことですが、それをするたびに私の人生を形作ったすべてのものに対する微かな感謝の息吹を感じるのです。

私は自分が原因で妻に与えた痛みの償いを直接することができましたが、結婚は続きませんでした。すべての償いが思った通りの結果をもたらすものではありません。とは言え、私たちは今も友人であり、彼女の眼を正面から見ることができるので、償いを通して自分の内側はきれいになったことがわかります。

償いの過程以上に、人生を劇的に変えるものは他にありません。肯定的な結果は保証されませんが、ひびが入った関係性が奇跡的に変化したとか運命が大反転したといった話は珍しくもなく、償いを実行したほとんどの人が自分自身や人生全般について、より良く感じるようになったと伝えています。約束は売り口上以上のものであり、それはスピリチュアルな原理で生きるための力によって祝福された人生に起きることの要約なのです。
それが今、あなたを見出しますように。

ステップ10

自分自身の棚卸しを続け、過ちを犯したらすぐにそれを認めました。

スピリチュアルな経験が順調に淀みなく展開するためには、その通路をいつもきれいにすっきりとさせておく必要があります。ステップ10は、ステップ4から9までをやりきって創造したきれいな通路を維持する目的でデザインされています。

私たちのほとんどは聖人ではありません。つまり私たちの振る舞いは、時として自分にも他人にも貢献しない類のことがあるからです。良し悪しも含めてすべての振る舞いは宇宙の力（大海）の産物だという理解が進むにつれて、罪悪感や自惚《うぬぼ》れから解放されます。ステップ6と7で、自分の性格の短所や欠点は、神の手中にあると再確認したことを忘れないで下さい。そして人生を心地良く過ごすために、性格の短所や欠点が作り出すあらゆる混乱もすばやくきれいにしていくのです。

変化

完全な無力に向けた私たちの歩みはこの時点で、一つの不穏な質問を湧き上がらせます。無力だとすると何も変えられない、つまり同じ過ちをずっと繰り返す運命なのでしょうか？

この答えはそれほど簡単ではありません。人間である私たちは欲を持っていますが、欲は変化を意味します。もし頭痛がすれば、それがなくなるように自然に変化を求めます。短気でしばしば面倒に巻き込まれるのなら、人生に面倒が起きないように自然に変化を求めます。

これまでの自分の人生を振り返れば、常に起きるのは変化だけだと私たちは知っています。宇宙で変わらないものなどありません。変化は起きるし起きるに違いないと知っていますが、「作者錯覚」に巻き込まれると変化の源を見失ってしまいます。「作者錯覚」の活動は、変化を起こす責任は絶対的に自分にあるように感じさせ、必然的に心配が付きまといます。「作者錯覚」が活動していると、自分が物事を変える唯一の存在だと思ってしまいます。私たち作者が願ったような変化を達成するために努力していると主張するのです。もし変化が起きれば、「作者錯覚」はそれを自分の手柄にしますし、起きなければ自分（作者錯覚としての）を非難します。しかし、いつもの根本的な問いはここでも通用します。私たちは変化の作者か、それとも生じた変化の仲介者なのでしょうか？

この難問の魅力的な解決方法は、私たちは変化の「共作者」だという提案です。この解決方法は、私たちより大きな力を受け入れますが、少なくとも幾らかの個人の力があるという感覚に慰められます。しかし、もし探求に対して厳密な意味で正直であるなら、この幾らかの個人の力という主張の妥当性について問う必要があります。またその提案を採用したとして、そもそもそれでどこに行けるのでしょう？

この点で、何かを行う力を持つために、「ビッグブック」が述べる「神の助け」を私たちが必要とするのは言うまでもありません。信仰心が篤ければ神に助けを求めるでしょう。信仰心ではなく「生ける教え」に基づいているのなら、「神の助け」がやって来るかも知れないし来ないかも知れないという理解に心地良く寛ぎます。この「来ないかも知れない」を認識し受け入れることが理解の深まりであり、スピリチュアルな成熟の一部なのです。私たちはいつも欲しいもの、求めたり願ったもの、必要だったり値すると考えたものを得られるとは限りません。持っているものを得ているのです。

「生ける教え」の生徒は、この瞬間に起きていたり起きていないことが何であれ、それが在ることの一部であると認識するように促されます。そういう考え方は運命論的だと誤解する人も多いのですが、そうではありません。起きているすべては高次の良いことのためなのだというニューエイジのアファメーションのようなものでもありません。むしろ、起きている物事に個人の信用や責任を負わせることは一切ない、尽きせぬ安らぎへの優しい促しです。そのような認識に暗示されているのは、変化は避けられないということです。物事がしばらくの間、あるいは長い期間でさえ変わらないように見えても、決してそれがずっとそのままだということを意味するものではありません。

この理解について、かつて書かれたもので最も賢明な警句が、「これもきっと過ぎ去る」です。

過ち

ステップ10の棚卸しを続ける中で、変化し続ける状況にいる自分自身を見守っていると、間違いなく過ちに直面します。「作者錯覚」が活動し関わっている場合、過ちを犯すと苦しみを経験します。内部の声は私たちがしたことに対して、違うようにできたはずとかするべきだったとがみがみと責めます。「作者錯覚」が行動の源だと主張しない場合は、過ちに対する反応は全く違ってきます。過ちを犯したら、失敗した（screwed up）とは認識しますが「私はどじな人間（screwup）だ」という感覚からは解放されているのです。人生で必然的に犯す過ちに対して自分自身を責めることにエネルギーを費やさなければ、過ちが引き起こした混乱を片付けることにもっとエネルギーを注げるというのが私たちの経験です。これがステップ10で示されている迅速かつ継続的な償いの過程なのです。

同じ原理は他人の過ちにも適用できます。私たちの判断は他人の行為に留まっていて、彼らの人間としての価値を判断するところまでは拡がっていません。これは捉えにくい差異かも知れませんが、実際はとても深遠な話です。

傲慢と不安は「作者錯覚」の関与に双子のように付いて回ります。コントロールに関する「作者錯覚」の主張に、「自分は正しい」というものがあります。私たちは自分が正しいと確信している場合でも、誤っているかも知れないと人生経験で知っているので不安になり、しばしば防御的になったり意固地になったりします。しかし、ステップの継続的な実践やアドヴァイタが指し示す探求を通して「作者錯覚」の主張が弱まると、自分が間違っている場合には躊躇なく認めるようになります。

間違っていても、それは「作者錯覚」が思い描くほど恐ろしい悲劇ではないのに気づきます。私たちは間違ったり過ちを犯しても蔑《ないがし》ろにはされません。私たちはただの人間です。さらに、自分が間違っていることを認めれば他人の防御も下がってくるのがわかり、他者との基本的な繋がりや協調性がより起きやすい空間が創られるのです。

それが今、あなたを見出しますように。

ステップ11

祈りと瞑想を通じて理解した神との意識的な触れ合いをより深め、神の御心と、それを実行する力を知るためだけに祈ります。

祈りや瞑想について誰かに話をすると、相手の眉間に皺が寄るのが見え、彼らは生真面目な態度になります。私たちの生涯は源（神）との交流が深刻な問題として条件付けられています。笑顔や笑いはご法度なのです！

でも、必ずしもそうである必要はありません。祈りや瞑想が日常生活に完全に調和するならば、祈りや瞑想はとても軽やかで楽しみに満ちたものになるでしょう。

「一日を何とか切り抜けようとする中で、動揺したり確信が持てない時には立ち止まって一息入れ、適切な思考や行動が行えるように祈ります。私たちは自分がもはや主導権を握っていないことを常に思い出し、毎日何度でも『御心のままに』と謙虚に自分に言い聞かせます。そうすると、興奮、恐れ、怒り、心配、自己憐憫、愚かな決断という危険にはまる可能性は少なくなります。私たちは無駄がなくなり、より有能になるのです。かつてのように自分に合わせて人生を取り計らい、エネルギーを愚かに浪費することもないので、容易に疲れることもありません。これは本当に効果があります」[31]

まだ悪戦苦闘している人のために、ステップではこのように実用的で適切なアドバイスを提示しています。立ち止まって一息入れ（可能なら）、常になされた物事は「御心」であることを想起します。そのような気づきにしっかりと根を下ろすと、在ることへの悪戦苦闘が自然と止まるので、自分のしていることが何であれ、平安を見出すのです。

「作者錯覚」の関与によって動揺し確信がない場合、立ち止まって一息入れることで私たちは恩恵を得ます。「作者錯覚」の活動は、当面の課題から私たちの気をそらします。それは騒々しい道端の出来事のように無視するのはほとんど不可能ですが、私たちが立ち止まって一息入れると、そこには空間と静けさがいつもやって来ます。立ち止まって一息入れることで創造された空間に、明晰さや直感がしばしば流れ込みます。毎日手順を踏んで行う瞑想は、立ち止まって一息入れる方法の一つであり、とてつもない恩恵をもたらします。ほんの少しだけ立ち止まって一息入れるのでさえ、「作者錯覚」が絶え間なく作り出す「べき(はず)」という大混乱に飲み込まれないためには、十分に役立ちます。目を閉じて何回か深い呼吸に意識を向けるだけでも、しばしば驚くほどの効果があります。覚えていたら何が起きるか、とにかくやってみて下さい！

自分が人生の主で、何もかも自分次第だという妄想の下で全力を尽くすのをやめれば、きっとすべてがもっと簡単に効果的に機能し始めます。個人の無力を認識すること(つまり私たちが「ことを仕切る」べきだともはや主張しないこと)は、調和した生き方をするための誰もが使える秘訣なのです。

スピリチュアルな目覚めとは、この世界で起きるすべてが二つの用語のうちのどちらかを使って説明できると理解することです。自分が気に入り、肯定的に考えるものは「恩寵」という用語で説明できます。自分が気に入らず、否定的に考えるものは「神の御心」という用語で説明できます。いずれの用語も、起きているすべては大海の動きであるという事実を説得力を持って示しています。波は自らがしたことの作者は自分だと主張しますが、波は作者ではありません。

白紙に戻って自分自身について調べ始めると、突然、そこにあるものは大海だと認識するかも知れません。これは拡張意識のビジョンです。それでもまだ私たちの多くは、本来は大海であるという認識を、自分は大海の一滴という視点から経験します。制限されたビジョンを通してでも、この大海としての自分という最初の一瞥を得れば、後戻りはありません。ただ、自分は大海だという感覚と、分離した一滴だという感覚を行ったり来たりすることは必然的に起きます。スピリチュアルな目覚めが訪れると、自分は分離し独立した再び戻るべき偉大な大海の一滴ではなく、今まで一度もそんなことはなかったとわかります。私たちは命そのものとして表現された大海に他なりません。

ステップ11は、宗教性と非二元を理解する上での興味深い綱渡りとなっている側面があります。「神の御心と、それを実行する力を知るためだけに祈ります」という言い回しをアドヴァイタ的に言えば、すべては神の御心(大海の動き)であると認識し、波である私たちが何かを行うために有している力は神から与えられたものであり、そのすべては大海の一つの動きだと認識できるように求めたということになります。

個人の責任

個人の無力について話をするために世界中のどこへ行っても、必ず誰かが次のような質問をします。「個人の責任はどうなるのですか？　私が無責任に振る舞った結果、誰かがその行動に抗議してきても、神が私にそうさせたと言うだけで良いのですか？」

このような問いは私たちが行動を起こす力を生まれつき持っているという仮定に根付いたものです。私たちの探求の根元に横たわっているものがまさにこの仮定なのです。私たちはこの力を持っているのでしょうか？　そうであるなら、この力をコントロールできるのでしょうか？　この力をコントロールできるのであれば、どうして愛する人や自分自身を傷付けるようなことをするのでしょうか？　ステップ11で示されたように、自分自身の内側を深く調べることができれば、これらの問いへの答えを見出せるでしょう。

無力は理解であって口実ではありません。私がウィーンで話をしている時に、一人の男性が奥さんを連れてやって来ました。質問の時間になると彼は興奮した様子で手を挙げると、「遂にあなたがウィーンへ来られて本当に嬉しいです」と話し始めました。「妻を連れて来ましたので、私たちは全員無力であることやすべてに責任を持っているのは意識であることを妻に説明して下さい。だって私は他の女性たちともセックスしたいのですが、彼女はそれを嫌がっています。私がすることを私にさせているのは大海なのだということを彼女に説明しようとしたのですが理解してもらえません。どうかお願いします。あなたなら彼女に上手く説明できると思うのです」

「じゃあ、やってみましょうか」と私は彼女に話し始めました。「彼の性的な振る舞いは、彼の自我より大きな力によるものというのは正しいです。彼は自分の振る舞いをコントロールする力を与えられているか、いないかのどちらかです。この理解によれば、彼がしたことをあなたは憎めません。しかし、あなたの反応も同じ力によるものです。彼に他の女性たちとセックスをするように求める同じ力が、彼と別れさせるか、あなたに愛人を作らせるか、あるいは嫉妬に怒り狂わせて彼を殺させるかも知れません。何が起きるかなんて誰も予測できないのです」。この回答に二人共とても満足げに見えましたが、それ以降、彼らとは会っていません。

自分の家族や同僚や住んでいる社会は、私たちの行動(もしくは行動しないこと)について説明を求め続けるでしょう。私たちのしたことをどのように他人が評価するかによって褒められたり責められたりするでしょう。このシステムは厳格でもなければ公正でもありません。自分の悪い行いが責めから逃れることもありますし、良い行いが報われないこともあります。生命はそれ自身のルールに則って演じられ、人のマインドが把握するには、あまりに複雑過ぎます。公正さは死後や来世で取り戻されると信じている人もいます。カルマや天国、地獄、転生といった複雑なシステムはたくさんあります。「生ける教え」もステップも共に、そのような憶測からは断固として距離を置いています。確か仏陀が楞伽経《りょうがきょう》で「出来事は起き、行為は為されるが、個人としての行い手は存在しない」と言っていますが、これが最も肝要を得たものでしょう。

神意識

ステップには「神との意識的な触れ合い」、「スピリチュアルな経験をする」、「自分の真の本質を垣間見る」というような言い回しがあります。私たちの「意識的な触れ合い」を進歩させるようにデザインされたスピリチュアルな実践は数え切れないほどあります。スピリチュアルな生活の中で楽しくてわくわくする側面は、巨大なスピリチュアル市場を歩き回れることです。それはイスタンブールの屋根付き市場《グランバザール》を探検するのに似ています。何千という商人がそれぞれ自分の品物を熱っぽく宣伝しています。「旦那、このお宝を見ていって下さいよ！　こっちですって旦那！　これを試してごらんなさいって！　それじゃなくてこれこれ、これが最高！」、「この太極拳を試しませんか、旦那」、「こんにちは、センタリングの祈りがありますよ」、「そうですか、タントラがお望みですね？」、「お願いですから旦那、このホットヨガをしてみて下さいよ」、「奥さま、この素敵なヴィパッサナー瞑想を見学してみませんか？」、「ちょっとお嬢さん、この可愛いアフォメーションをいくつか試してみませんか？」、「こちらには最高の自己探求がありますよ」、「旦那！」、「奥さま！」

そう、それは圧倒的です。気質にもよりますが、一人で進んで行くのにわくわくするかも知れませんし、安心できる案内《ガイド》がつくことを好むかも知れません。重要なのはそこへ行ってやってみることです。これをしたり、あれをしたり、スェットロッジや聖書研究、伝道集会、ヨガ教室、ドラムサークル、シェアリングサークル、ラビリンスウォーク、あらゆる種類の巡礼など、自分に合うものを見つけるのです。スピリチュアルな実践をするなら、無限とも言える種類があるので、しっくりこなければ別のものを試しましょう。興味を持てる一つを見つけて、それがどこに連れて行ってくれるのかを調べてみましょう、気楽に、できる限りリラックスして。悪戦苦闘する必要はないので、もしそうしている自分に気づいたら、それは大海の中の出来事だということを思い出しましょう。

私が巨大なスピリチュアル市場へと足を踏み入れた時の目的は単に、力を見つけることでした。ステップ1で薬物やアルコール、他のすべてに対しても自分は無力だと認識しました。幾つかの点で、私の人生をやりくりしようにもそれには限界があることも認めざるを得ませんでした。私のステップにおける当初の理解では、解決策はスピリチュアルな力にあるということだったので、私は幾らかというよりはむしろ大いに自分自身を取り戻そうとしました。煎じ詰めると、私が生きてきた人生の原理は、何であれ多ければ多いほど良いということでした。私は特に自分を神と同調させる方法に興味がありました。自分の脳と神の力が結び付けば、神と一緒に偉大なことができると推論したのです！　幸運にも、私はその段階を短期間で通過することができました。その後の一連のスピリチュアルな実践や教えは、高尚なものからおかしなものまで様々でした。私はそれぞれから新しいことを学びました。自分が全く無力であり、すべては完全にそれ自身で演じられている（私が好きであろうとなかろうと）と本当に理解したのは、もっと後になります。

「ビッグブック」の作者たちは、「ある程度まで、私たちは神意識を持つようになりました[32]」と述べています。

この声明を、「生ける教え」の見方では、自分自身はかつて思っていたような独立した存在ではないという認識が成長することへの言及だと考えます。むしろ、私たちは聖なる自己（大海）の側面として現れているのです。自分自身を分離した水滴ではなく波なのだと知り始めると、当然、大海としての自分自身を知り始めます。これが神意識であり、ステップの作者たちが私たちに指し示したスピリチュアルな経験なのです。

神意識は自己認識の始まりでもあり、「生ける教え」では「観照」として言及されることがあります。自分自身と自分がする物事を新しい方法で見始めるのです。この観照は、本質的に人格を介しません。私たちは自分自身に気づいていますが、以前と同じような自己批判には陥りません。私たちは自分の行動や反応を見守ります。何かが上手くいった場合、自慢することもなく喜び、不親切だったり不正直なことをすれば、罪悪感抜きに残念に思います。この視点から私たちはさらに、片付け（償い）が必要となる行動を即座に認識できるようになります。この状態では「作者錯覚」の関与は減少しているので、「作者錯覚」のお供である防御性や自己正当化といった自分を制限し活力を奪うもののすべてが影を潜め始めます。

「神意識」になることは、何かをすることと、それをする作者という感覚との違いを把握し始めることとも言えます。波が「する」けれども、「作者」は大海のみなのです。自分が波であることを知ると、行動、思考、感情は、自分がその一部である大海の動きだとわかります。もはや私たちは、いつも自分自身を力があり独立した存在（水滴）だと見なしていた時にあった、行為の作者という個人的な責任感に縛られた苦しみを経験することはありません。次第にこの気づきは知性からハートへと広がり、そこで根付いて永続するようになるのです。

神の御心

あなたがステップ3で、理論上は自分の意志と人生を神の配慮に委ねていたとしても、個人の意志の感覚（作者錯覚）が幾らか残っていることを「ビッグブック」は認識しています。以下がそれです。

「私たちは毎日、あらゆる行動に神の御心のヴィジョンを伴わせます。『御心が為されますように、最善を尽くしお仕えします』。これが常に念頭にあるべき考えです。自分の願いのすべてをこの考えに沿わせることで、意志の力を行使できます。それが意志の適切な用い方です[33]」

ここで私たちは困難な問題に直面します。私たちが本当に無力であるなら、どうやって意志を行使（正しくあるいは他の方法で）できるのでしょうか？

ほとんどの人が最初は、「私は分離し独立し自己意志がある存在（一つの水滴）だ」という従来の考え方でステップに取り掛かります。一方、多くの人たちはステップをこなしていく過程で次第に「自分はすべてを行なっている大海と完全に調和した一つの波のようなものだ」という洞察や認識を得ます。スピリチュアルな成長のどの段階にいる人にも伝えられるように、「ビッグブック」はこの二つのきわどい境界線上を歩いています。最初は、人生のどこまでを自分がコントロールしていて、どこまでを神がコントロールしているのか全くわからないのが普通です。しかし、次第に自分の真の本質に気づいてくるに従い、自己意志という考えそのものがますます馬鹿げたものになっていきます。

自分で初めてこの問いに向かい始めた時、友人で案内人《ガイド》でもあるリーからとても素晴らしい指摘をもらいました。私たちは「ニーバーの祈り（Serenity Prayer）」（訳注：アメリカの神学者ラインホルド・ニーバーの作とされる）について話をしたのです。

神よ、変えることができない物事を受け入れる平静さと、

変えることができる物事にはそれを変える勇気を、
そしてその違いを知る知恵を私にお与え下さい。

私は何が受け入れるべきもので、何が変えるべきものかがわかりませんでした。リーはこの板挟みに対しての彼の経験を分かち合ってくれました。彼は紙を取り出してその中央に一本の線を引き、片側に自分が変えることができるだろうと考えている物事を記載するのだと言いました。もう片方に受け入れるべきだろうと考える物事を記載したら、そのリストを片付けて六ヶ月後に取り出し、変えることができると考える物事と受け入れるべきと考える物事を再評価します。彼はこの過程を数年間に渡って繰り返したそうです。その結果は、変えることができる側から受け入れるべき側へ移動する項目はあるのに、逆の動きは何もなかったのです！

少なくとも一つの物事について自分が無力だと認めると(ステップ1で起きたこと)、あなたは一つの過程に巻き込まれ、その過程そのものに独自の動きがあることが明らかになります。それはあたかも、「あなた」は分離、独立していると主張する「作者錯覚」に癌が発症したようなものです。この理解という癌は次第に誤った「あなた」と置き換わり、最後には「あなた」が消え、理解のみが残るのです。

ステップと「生ける教え」における実用面での大きな恩恵の一つは、宗教や哲学、倫理のようには一貫性を求めていないことです。多くの人はステップを聖なる書物のように不変性や崇敬の念で見ますが、私は優れた指針、案内《ガイド》として見ています。私たちが変われば、それも変わります。

私たちの理解が成長し深くなると、当初は見えなかったステップや「生ける教え」の側面に光明が当たるようになります。

スピリチュアルの道

あなたは道について
山登りのように
長く困難なものだと考えます。
多くの道があるかも知れないと
あなたは認めますが
すべての道は同じく

尊い目標を持っていることを
確信しています。
ラム・ツーは知っています……
多くの道があることを。
せせらぎのように
それらは無理なく流れ
（苦痛がないわけではありませんが）
山を下ります。
その下の砂漠の砂の中へと
すべては消え去ります。[34]

自己の束縛から解放される道は多種多様です。インドで「ヨガ」と呼ばれるスピリチュアルの道では、知識（ジニャーナ）、献身（バクティ）、行為（カルマ）、体と呼吸（ハタ）という四つの道に大きく分類されます。これらの道は、人の性質の大まかな分類とも通じています。知性中心の人もいれば、感情を通して人生を理解する人もいます。あるいは献身を大切にする人もいれば、生まれつき運動感覚に優れた人もいて、それぞれに合った道があります。

様々な道があるとは言え、別々のものではないことを覚えておくのが大切です。これらの分類は単なる概念であって実際のものではありません。マインド、ハート、体は継ぎ目のない一つの全体として繋がっています。どの道を選んだとしても、「自己の束縛からの解放」が終点となります。この自己の束縛の終焉は、自分次第で達成できるように見なしたくなるところですが、これは他のすべてのことと同じように正に恩寵によるものだとステップも「生ける教え」も共に釘を刺しています。これを忘れて、スピリチュアルな進歩は自分の成果だという「作者錯覚」の主張にまんまと乗ると、スピリチュアルな自惚れ(とそれに伴う苦しみ)が生じる結果となります。

私たち各々の人格は、それぞれのスピリチュアルの道へといざないます。外交的な人は行為や献身の道へと引きつけられがちですし、内向的な人は知恵や体と呼吸の道へ向かう傾向があります。生来感情豊かな人は献身の道へ向かいがちで、もともと知的な人は知恵の道へ向かう傾向にあります。

ただ、私たちの誰もがこれらの性質のすべてが混在していることに留意すべきです。一つの性質だけの人などいません。さらに言うなら、ある特定の道が自分に合っていると感じれば、その道こそが完全な道だと思いがちですが、どの道であれ本質的に同じです。どの道にも等しい価値を認め、誰もが自分の性質によって特定の実践に引きつけられることを理解すれば、自分に合った道を見出したとしても傲慢にはならないでしょう。

自己束縛からの解放[35]

「『自己』の本質を理解すれば利己心がはびこる余地はなくなるだろう。これを完全に理解し、留まり続ければ、やがてそれを認識するだろう。機が熟せば、それが起きるのだ[36]」

ニサルガダッタ・マハラジ

スピリチュアルな目覚めや経験は、「自己束縛」から解放されている状態と定義できます。自己の束縛から解放されるということは、物事に対して責任があると主張している自己は無意識の想像の産物としてのみ存在している幻だと認識することです。これを最初に把握すれば、自分が存在するという観念のすべてを手放して源との同一視に駆り立てられても、時の経過や成熟によって、それは不必要だということが判明します。

　自己に関する問いを今までにないほど深く探ると、私たちを束縛しているのは本来の自己ではなく、自己を乗っ取り、蝕んでいた「作者錯覚」だと実感するようになります。それは捉えにくいものですが重要な区別であり、その区別をしっかり探ることで多くの居心地の悪さや苦悩から救われます。この数年間でどれほどの人が私を訪ねて来て、自分は何者でもないと誇らしげに明らかにしたことでしょう！

日一日

　12のステップに具体化された共通の知恵は、「日一日」という言葉に要約されています。未来への投影は、「作者錯覚」への餌です。私たちの一部は未来をコントロールする十分な力がないことを知っています。その結果、恐れが増し、何かをしなければという感覚に必死に飛びつくか、もしくは固まってしまいます。コントロールしなければならないという感覚や、その結果が否定的なものだと、私たちは悲惨な立場に置かれるのです。これは引き波に抗っている様子に例えられます。海で泳いでいて、引き波によって岸から遠くへ流されていると気づいたら、本能的に岸辺へ向かって真っ直ぐに泳いで戻ろうとしますが、残念なことに引き波の力に逆らって泳ぐことはできず、あっという間に疲れてさらに沖へと流されてしまいます。引き波は部分的に起きている現象なので、解決策は岸と平行に流れを横切って泳ぐことです。そうすればすぐに引き波から逃れられます。未来から今起きている物事（日一日を生きること）へと視点を移す方法が、引き波の話で言えば流れを横切って泳ぐことに当たります。間もなくステップ12で考察することになりますが、自分にとって物事が悪い方に展開している場合に、他人を助けることも流れを横切って泳ぐもう一つの効果的な方法となります。幸いにもこの二つの方法のいずれかを行う力に恵まれたならば、困難な状況であっても、必ず穏やかな水にいる自分を再び見出し、安らぎと幸福を体験するでしょう。

最も有名で誰からも尊敬されているアドヴァイタの教師は、南インドのラマナ・マハルシでしょう。その教えは、アルコール依存症はある種の「スピリチュアルな病」ではと考えて12のステップにも興味を持っていたカール・ユング（心理学者）の心も捉えました。ラマナ・マハルシは静寂を通して自分の無力を理解し、自分が本当は誰であるかを自分自身に問うこと（「自己探求」）を教えました。

「次の二つのうちいずれかを是非行って下さい。一つは自分の力のなさを理解して高次の力の助けを求め、自分自身を明け渡すこと。もう一つは苦悩の原因を探し、源へと入り込んで自己に溶け込むこと。いずれの方法であっても苦悩から解放してくれるでしょう[37]」

ラマナは、自分の力のなさを知って神に助けを乞う人にとっては祈りが明け渡しの一つになると認め、そうではない人には苦悩を引き起こしている原因が何かを探求するという形での瞑想を示しました。どちらの道であっても、ステップ12で検討されてきたスピリチュアルな目覚めへと導かれます。

「あなたを創造した力はこの世界も創造しています。それがあなたの世話をできるなら、この世界の世話も同じようにできます。神がこの世界を創造したのなら、その面倒をみるのは彼の仕事であってあなたの仕事ではありません[38]」

ラマナ・マハルシ

このような言葉を読むと、「作者錯覚」は「個人的責任」という警報を鳴らし始めます。「作者錯覚」は行動の源であると主張するので「それを自分がしなければ何も変わりやしない。世界は今以上に酷くなっていくぞ。これは怠惰や怠慢の別の言い訳に過ぎないんだ」と騒ぎ立てます。しかしラマナは、人生をただ座って何もせずに過ごすべきだとか、そうできるとも示唆していません。もし神が何かをする必要があれば、まず誰かのマインドに行動しようという思考を送り込み、その行動が完了するのに必要なエネルギーや物資をすべて与えるだろうと言っているのです。

大抵の人にとってこの考え方が難しいところは、不快なものも含めてすべてに当てはまるからです。自己意志の原則に則って育った私たちのほとんどは、神を良いことだけの源として思い描くように教え込まれてきました。すべての悪いことは、分離した個人としての私たちが負わされるのです。

アドヴァイタの「生ける教え」では、大海(神)はすべてとして理解されているので、良いことも悪いこともその中に含まれていて、起きたことのすべては大海によってもたらされたと認識されます。そして、良い行いや悪い行いの作者として分離し独立した存在であるという観念は結局のところ、ある種の幻覚だと見なされるのです。

サットサン

「生ける教え」の集まりは、「サットサン」とも呼ばれます。サットサンとは「真理に基づいた集まり」を意味するサンスクリット語を元にした単語です。サットサンの参加者は、統一的原理、神、源などとの高次の繋がり（意識的な交流）を感じることがしばしばあります。これは「作者錯覚」の活動によってしばしば不明瞭にされていた物事に対する真の秩序の肯定と言えます。12のステップの集会も時々サットサンに似た質を帯びることがあります。それは観念ではなく、ある種の感覚と言えます。すべての会話や感情の背後には統一的な本質である、私たちはそれぞれの違いを超えた一つだという直観があるのです。この感覚に留まることが、安らぎに生きることです。

「自分が何であるかという奇跡を理解するには、
自分がなりたい幻想を明け渡す必要があります」

ラム・ツー

「生ける教え」は、生きることそのものだと何度繰り返しても足りません。究極の理解や、静寂、沈黙の広大さを追い求めてスリルと興奮を味わう中で、時には自分を取り巻くすべてが奇跡だという見方を失いかねません。極めて単純に、人生は素晴らしいのです！　ただし、言葉を表面的に受け取ったり、どこが凄いのかを詳しく尋ねたりしないで下さい。自分自身を探すことの方が遥かに勝ります。恩寵によって、この助言があなたの中の何かの引き金を引くことでしょう。この本から目を離し、十分な時間をかけて自分の周りや内側を調べるかも知れないでしょう。また、あなたが経験するすべての中に現れる、あらゆる物事の根底にある一体性を垣間見るかも知れません。

ありのままに寛いでこの世界を生きていくこと以上に、驚くべきものなど何もありません。自分が本当は誰で何であるかを直接わかると、この何物にも代え難い贈り物が生じるのです。

それが今、あなたを見出しますように。

ステップ12

これらのステップによってスピリチュアルな目覚めを得たので、私たちはこのメッセージをアルコール依存症の人たちに伝えると共に、この原理をあらゆることで実践しようと努めました。

「ビッグブック」が世に初めて出た時、「スピリチュアルな経験」や「スピリチュアルな目覚め」といった用語に多くの人が困惑したので、以降の版では用語に関して明確化した付録文が巻末に付きました。その付録文は一読する価値があり、スピリチュアルな経験や目覚めが様々な形をとることを明らかにしています。突然、劇的に起きる場合もありますし、次第にわかるようになる場合もあります。

「ビッグブック」もこのように記載しています。

「私たちの多くは、自分より偉大な力への気づきがスピリチュアルな経験の本質だと考えています。信仰の篤いメンバーは、それを『神意識』と呼んでいます[39]」

「生ける教え」は、スピリチュアルな経験とスピリチュアルな目覚めに関しての重要な区別をしています。

スピリチュアルな経験という用語は、あらゆる物事の本来の一体性を経験することが、スピリチュアルな生活の中で生じては消える瞬間を指します。それは自分と他のものは一つだと認知することです。一方、スピリチュアルな目覚めという用語は、永続的な認識を指します。それは「作者錯覚」が復活の余地なく死を迎えたと考えられます。これは今までもあり、これからもあり続ける一体性への超越的な認識です。それは時間の容れ物と経験の容れ物としての一体性ですが、それ自体は含まれるものではありません(わけがわからないとしても、ここでは知的な理解が目的ではないので心配ご無用)。スピリチュアルな経験もスピリチュアルな目覚めも、起きるべくして起きれば、すべての言葉や説明はくだらない道具に過ぎないことがわかります。

「生ける教え」の焦点は、私たちは全体に統合された側面であるという潜在的な認識をもたらすことです。そのような意識に先立つ気づきによって在ることを受け入れる状態の自分自身が見つかるのです。自分の嫌いな何かを変えようと必死に頑張っていたとしても、もがくようなことはありません。それは最も祝福された人の姿と言えます。

罪悪感の消失

罪悪感を感じる人たちがしばしば主張するのは、罪悪感は良い振る舞いをするために必須だということです。罪悪感が悪い行いをしないようにしてくれるというわけです。それが妙な話であるのは、かつて罪悪感を感じた同じ振る舞いを繰り返す場合があることを、経験上誰もが知っているからです。

であれば、抑止力にはなったとしても、効果はあまりありません。「作者錯覚」が死に絶え、もはや罪悪感も起きないような、スピリチュアルな目覚めが実際に起きた人たちの経験では、否定的な振る舞いが突然増えることはありません。残念なことに、肯定的な振る舞いが突然増えることもありません！

私はすべてと一つ——その後には……

人生は生きるためにあります。あなたがスピリチュアルな経験やスピリチュアルな目覚めを持ったかどうかにかかわらず、人生はこの心身を通して展開します。私たちは自分の性質やその時々の要求に合わせて食べ、眠り、愛し、働き、遊び、議論し、戦い、助け合い、踊り、笑い、そして泣くといったことを続けるのです。私たちが聖人となることなど滅多にありません。とは言え、この本で述べてきた過程を通してやって来る洞察は、間違いなく利己主義や自己中心主義を縮小させます。私たちのハートは自然に他人へ、特に自分がかつて向き合っていた困難や依存症に悪戦苦闘している人たちへと向かって開いていきます。これはステップ12が示している、私たちの「経験、力、希望」[40]を未だ苦しんでいる人たちと分かち合うということです。その人たちは依存症であったり、あるいは分離、独立し、人生を成功させる責任を持った力強い存在であるといった妄想に苦しんでいるのかも知れませんが、この本で考察してきた教えに伴う直接の経験や肯定的な変化に触れることで、彼らの重荷は軽くなるでしょう。

見返りを期待することなく他人を助けると自分の人生が豊かになるのは、人間という存在の注目すべき雛形《ひながた》だと言えます。これは東洋の伝統ではカルマヨガとして知られ、ステップ12

ではこの教えが特に重要とされています。依存症から生還した私たちは、未だそのような状況に苦しむ人たちに自分の嘘偽りない経験を提供できるといった特異な立場にいます。この分かち合いは、力や希望を何らかの形で他人へ伝えるという素晴らしい過程です。グループのメンバーは奇跡的な回復が起きるのを何度も何度も見てきました。それを踏まえ、様々な12のステップのプログラムにおいて支援者の豊かな伝統が育まれたのです。すべてのステップを、少なくともほとんどのステップを終えているグループのメンバーが、プロセスに参加したばかりの人と一対一で自分の経験を率直に分かち合うことになります。この回復と自己発見の旅を案内するのは、本当に光栄なことです。他人が生き直せるように、自分の時間とエネルギーを無私で与えることとは、自分が今その中で生きている恩寵の再確認になります。とは言え、支援者と支援を受ける人の関係でも、人間関係はすべて個人差の影響下にあると認識することが大切です。

最初は、支援を受ける人が求める経験、情報、回復、安らぎを支援者が持ち合わせているので、必然的にアンバランスな関係となります。こうした関係における支援者の最大の試練は、専門家になろうとしたり、支援者のままでいたいという衝動を抑えることです。この関係で最も成功するには、非常に親密でバランスが取れた分かち合いへと成長することであり、それは参加者の互いの人生を豊かにし、時には一生涯続きます。

他人と一緒に働くことほど、あなたを個人の無力に繋げてくれるものはありません。あなたはこのステップで、このメッセージを伝えるように「努めました」と記載されていることに気づくでしょう。ここまでのプロセスで、私たちが結果をもたらす個人の力を持っていないことは概《おおむ》ね明らかです。このメッセージを伝える努力はできますが、努力の結果が成功するか失敗するかは、私たちの預かり知らぬことです。『AA』では「私たちは彼らをしらふにも、酔っ払いにもできない」と言っています。

経験の分かち合い

自分の経験を他人と分かち合うことと、自分が真実だと信じていることを伝えることにはかなり大きな違いがあります。まず第一に、私たちの経験には誰も異議を唱えることはできません。本音で経験を分かち合う際に、聞き手の信念を変えようとしたり、私たちの主張が正しいのだと信じさせようとしていると感じれば、彼らが警戒警報を解除することはありません。

「ビッグブック」には、こう書かれています。

「家族がスピリチュアルな原則に基づいた生活を望んでいないならば、彼らに強いてはいけません。スピリチュアルな事柄についても話し過ぎない方が良いでしょう。彼らは時間の経過と共に変わっていきます。言葉よりも、私たちの態度が彼らを納得させるでしょう[41]」

これは非常に教えに富んだ洞察で、友達や同僚にも当てはまるものです。相手が自由に話せるようにしてあげるのです。これには時間と忍耐を要するかも知れませんが、あなたの肯定的な変化に気づけば、彼らは好奇心を持って接するようになるかも知れません。彼らに心から興味と好奇心を持って接してもらえるようになると、彼らはあなたの経験を聞くことをより受け入れるようになります。結局のところ、分かち合っているものの証拠が彼らの目の前に立っているのですから。彼らはそれに気づいていますし、そうでなければそもそもあなたに尋ねようとはしなかったはずです。転向させる必要はありません。私たちは新しい宗教や哲学や社会運動を打ち立てようとしているのではないのです。私たちの真の本質を発見し、存在と行動を通してそれを分かち合うことで、ありのままの心地良い生き方を学んで欲しいだけです。「宣伝よりも、引きつける力[42]」という原則は12ステップのプログラムの基本であり、これは「生ける教え」から得られる洞察にも同様に当てはまります。

私たちが自分の経験を分かち合うのは、自分が学んだ物事を伝えるのに最も効果的な方法だとわかっているからです。自分が知っていると思っていることを人に話すだけでは上手くいきません。しかし、誰もが話は好きです。そして自分の経験は一番良く知っているストーリーです。話しやすいし、聞きやすいのです。聞き手が私たちの経験を分かち合いたくなかったとしても、その経験の中の真実がストーリーを通して伝わるのは魔法と言えます。

この洞察が純粋に伝わるといつでもどこでも、目標、信念、道、意見や過程から解放されます。私たちが見つけたものは教えられませんが、分かち合われ続けます。それは私たちが受け継いでいるものなので、誰もその持ち主だとは主張できません。議論、証明、確証の必要もありません。それはあるがままにただあるのです。上手くいけば、このステージで自分の努力の結果はコントロールできないことを完全に確信するでしょう。私たちが分かち合う洞察が認められなかったり、拒絶されるか、あるいは認められるようになって活かされるかは、私たちの預かり知るところではありません。

人と話して経験を分かち合うことは、外交的な人にとっては簡単です。内向的な人や一匹狼のような人でも、特に受容的な関係に基づいている時は、他人との交流に心地良さを見出すようです。結局、私たちは波のように一つは他と密接に繋がっており、従って大海なのです。それを誰もが深い部分で知っています。

ステップ12では、逆説的に他人を助けることで分離という錯覚を手放すように勧められます。そうすると、他人は分離していないと認識するようになります。他人を助けることは、自分自身を助けることなのです。

波は大海

スピリチュアルな目覚めと共に、私たちは波と大海を完全な一体性だと認識します。この認識の驚くべき特徴の一つは、波は消えないことです。実際、波は美しくても醜くても、優しくても卑劣でも、穏やかでも暴力的でも、すべて複雑で壮大な大海の表現なのです。波(自分であり他人)のあらゆる性質や動きや反応もまた、大海の現れだと理解できるようになります。二歳の頃から背負ってきた自惚れや罪悪感といった肩の重荷は、なかったかのように消え去ります。

物事を起こしたり、コントロールする個人的な力を持っているかのように振る舞うのは、神

（大海）の力を奪おうとすることです。それは究極の冒瀆《ぼうとく》です。この誤った主張を手放し、「神のように振る舞うことをやめる」と、驚くべき変化が起きます。「ビッグブック」の作者たちは、その経験を次のように記載しています。

「自分が世の中に貢献できる物事を見出すことに、私たちはだんだん関心が向くようになりました。新しい力が流れ込むのを感じ、心の安らぎを楽しみ、人生と上手に向き合えることがわかり、神の存在を意識するようになり、今日の、明日の、そしてこれから先の恐れは消えていきました。私たちは生まれ変わったのです[43]」

多分この驚くべき逆説に気づかれているでしょう。生来の個人の無力を認識すると、「新しい力が流れ込む」のです。個人の無力についての誤った主張の中には、力なしでは何もできずに無駄に過ごすことになるというものがあります。せいぜい、山の洞窟に座って鼠に齧《かじ》られながら（私たちが気にすることではないが）、道を探して辿り着いた勇敢な探求者にスピリチュアルな知恵を授けるのがお似合いだろうということです。私たちが共有する経験では、これは誤った恐れです。自分が波の形をとった大海だと知れば、夢にも思わなかった方法で自分自身から自由になります。ずっとサイドブレーキを引いたまま運転してきた人生で、突然そのブレーキが解除されるようなものです。

ステップ12では、これらの原則をすべての出来事で実践するようにと力説します。すべての原則の中で、個人の無力を認識する以上に重要なものはありません。自分の行動に個人の無力を認識すると、自惚れと罪悪感という双子の重荷が消え去ります。他人の行動に個人の無力を認識すると、恨みや憎しみが引き起こす毒に当たらなくなります。私たちは自惚れ、罪悪感、恨み、憎しみから解放され、真の謙虚さと安らぎに包まれ、人生をそのままに心地よく生きます。真実の自分が誰で何であるかを遂に認識するのです。

それが今、あなたを見出しますように。

神との会話

計画があるんですよ。

――（神はくすくす笑っている）

なぜ笑っているんですか？

――計画しているのを知っているからね。

そうなんですか？

――勿論。その計画が一体どこから来たか考えたことがあるかね？

あなたなんですか？

――そうだよ。一切合切ね。

全部ですか？

――全部だよ。

自由意志があると思ってましたが……

――知っているよ。

知っているんですか？

――そうだよ。その考えがどこから来たと思っているのかね？

それもしたと言われるんですか？

――そうだよ。全部ね。

でも、ちょっと待って下さい。私は選択する力がありますよ。例えば、あなたを信じるか信じないかを選択できますよね。

――知っているよ。言わせてもらうと、それは私がより得意とする一面でね。あなたが自分の信じているものを正反対に変えるところなど、特に私のお気に入りだ。

あなたがサディストに思えてきました。

――おそらく、と言うより結局のところ、私はあなたの創造物なんだよ。

私の創造物？　私があなたの創造物だと思っていました。

――知っているよ。

終わりは始まり

この上ない恩寵の瞬間には、自分が最も狡猾な依存症に苦しんでいたのだと認識します。それが自分にあるとは思ったことすらなかったものです。それは力そのものへの依存症です。努力のすべてが悲惨な結果となる事実があるのに、私たちは人生をコントロールしようと努めます。個人の力という荒唐無稽な話を信じ、何かの中毒のように安らぎと安心をしつこく求め続けるのです。それは常に私たちの手をすり抜けます。私たちは異なる結果を期待して何度も何度も同じ振る舞いを狂ったように繰り返します。言い換えると、これは依存症です。そこから抜け出るたった一つの方法があり、それはすでにやりました。ステップ1に戻り、コントロール依存症について自分が無力だと認めることです。ステップ1が何よりの回復の鍵です。途方に暮れたり混乱や恐れを感じたら、ステップ1という避難所へ戻れば一新されるのです。

力の回復

スピリチュアルな目覚めの永続するパラドックスと驚異が力の回復となります。しかし、この力には全く異なる感覚があります。個人的なものではありません。自己の束縛がなければ、大海の力が何の抵抗もなく発揮されるのです。波である私たちのすべての行動は、調和した流動体となって流れ出ます。力強く、変容性があり、個人がコントロールできる可能性を完全に超越したこの感覚を、熱狂的なスピリチュアルの詩人は、愛の恍惚《こうこつ》感になぞらえます。

天使と一緒に舞い上がるのは、常に魅力的です。結局、喜びや楽しみや満足を受け入れることは容易です。ステップとアドヴァイタが私を引きつけたのは、あるがままの人生に根付かせてくれるからです。天使と舞い上がるのは確かにその一部かも知れませんが、人生は端が一つだけの棒のようなものだという幻想から自由になると、人生はより豊かで満ち足りたものになります。端が一つしかない棒なんて想像できますか？　できないのは、この世界ではどの棒にも端が二つあるからです。それでも、良いことだけで悪いことはなく、楽しさだけで悲しみはなく、喜びだけで痛みはない人生を夢想するのは、端が一つの棒を夢想することです。もちろん、私たちは醜さより美しさ、悲しさより幸せが好きです。しかし、人生の負の側面に目と心を閉ざすと、再び妄想にまみれてしまいます。否定的なものから逃れて、肯定的なもののみを手にしたいという思いは抵抗し難い誘惑です。しかし、これを可能だと信じ、いつか近い将来に否定的な物事が一切ない人生を築けるという虚しい希望を持つことは、生きることを夢のために下取りに出すということです。ありのままの人生を完璧な幻想の理想像と比較すると、自分が生きている人生は必然的に物足りないと感じて苦しみます。この瞬間には物事が違ってあるべきだというとても嫌な感覚がつきまといます。それこそが信念の最大の呪いなのです。

ニューエイジや自助論《セルフヘルプ》的な解決方法は、否定的なものや困難なことを肯定的なものに置き換えます。すべては良いことであり、悪いことにも良い側面があるので、悪いことも良いことだと私たちの認識を変化させる必要があるだけだと言うのです。これはしばらくは効果がありますが、それを試みた私たちは、そのようなマインドのトリックが最終的には失敗に終わるのを経験してきました。

スピリチュアルな目覚めに伴い、肯定的なものと否定的なものは繋がっていて、互いにそれぞれの種を含んでいると認識します。私たちは大海という根底での調和を知っているので、一方を一掃しようとか、奇妙な肯定性へと変えることもありません。すべての物事の根底にある一体性への目覚めと共に、すべてをあるがままに力強く受容できるようになります。私たちは悪いことと一緒にその良い面も経験し、厳然としてそれらが繫がっていることを知るのです。

超越

私たちは終点に到着したところで振り出しに戻ります。これは神秘の領域と言えます。すべてはまさに今まであったようにあるのですが、それでも根本的に異なっています。誤った力に関する主張は消えます。完全な無力のもと、私たちは今まで自分自身だと想像していたもの以上にも以下にも同時になるのです。

根源的な一体性への目覚めによって、世界の物事の本質が顕わになります。分離し独立しているように見えていたすべての人々や出来事は、統合されていたことが明らかになります――波が広大な大海の一部であるのと同様に。波は消えません。消える必要もありません。波という存在は(それがどれほど不快であったり調和していなくても)、全体性を妨げないからです。これが超越です。多と一つは円満に共存します。見かけ上の断絶は奇跡のように癒されます。

歴史を通してスピリチュアルな詩人や音楽家が、沢山の民間伝承や神話をその周りで発達させてきたスピリチュアルな目覚めについて熱弁してきました。確かにそれらは恍惚や至福や神秘的な力としばしば結びついています。目覚めが起きた人は敬慕され、中にはスピリチュアルの教師となる人もいます。もし、ある組織の中で最も価値があるとされる人が死を被った場合には、伝説や象徴となることも多々あります。スピリチュアルな目覚めはすべてエキゾチックで刺激的で魅力的だと認めざるを得ません。

個人的な好みで、私はこのスピリチュアルな目覚めについてより現実的な言葉で話しています。寺院やアシュラムではなく、バーやドラッグハウスにいた私の経歴からすれば、それほど驚くようなことではありません。さらに言えば、私のグルは洞窟に住んでいたのではなく、銀行家でした！

私の経験とヴィジョンでは、人生とは広大で複雑な出来事として理解されているものであると同時に、私とは何かという人智を超えた全体性が完璧に表現されたものです。出来事や自分の経験はこの全体性を構成しているのです。私は自分自身を内在的かつ超越的な両方の存在であると知っています。私はウェインであり、神です。私が神なのは、自分が特別で唯一の存在だからではなく、すべてが神だからです。私は唯一特別な存在であり、同時に区別されていない全体性なのです。私のすべての欠点は、完璧に与えられています。私は誤った行動をする時もありますが、罪はありません。私はすべてであり、何でもありません。私は産まれましたが

（そして死にますが）、永遠です。私に個人的な力はありませんが、力そのものです。私が知っているすことや信じている何であれ真実ではなく、真実はこれまでとこれからの私のすべてです。私は死ぬほど飲み、グルとして復活しました。世間は私を狂っていると見ますが、もちろんそれは間違ってはいません。多くの人が当たり前と考えていることが、私にとっては奇跡です。従来の意味では、私はもはや合理的ではありません。私の狂気に心が動いた人たちにとってのみ、私は意味をなしています。私は信頼され得るのですが、物事は常に予期せぬ変化をします。私は普通であるかのように歩き回りますが、あまり知られていない世界に住んでいます。私は時々欲しいものを手に入れるために一生懸命になりますが、自分が何かを起こす力を持っていないことはちゃんと知っています。怒っている時でも、私は安らぎの中に存在しています。私は一番嫌いなものさえ愛しています。すべてはあるという理由だけで受容することには、私は同意しかねます。自分が命そのものだと知っているので、私は死を恐れません。私は何も持ったことはなく、今後も持たないにもかかわらず、自分が失ったものを悲しみます。すべては完全な明白さの中で理解されるので、本当に忌々しいことを私は知りません。他人の苦痛の相談には乗りますが、私は苦しみません。私の心臓にはペースメーカーが取り付けられていますが、未だずっと宇宙と共に鼓動しています。完全に空っぽになっても、私は愛に満たされています。

嘘をついている時でも、私は常に真実を話しています。たびたび望みが満たされなくても、私は満足しています。私は何も期待しませんが、欲しいものが手に入らない時にはしばしば激怒します。私は何の約束も保証もしませんが、信頼できます。あなたはいつでも私を当てにできるのです。

世の中のすべての見かけ上のパラドックスは、この単純な理解によって解消されます。これが在ることとの受容です。これが平安です。これが超越です。

それが今、あなたを見出しますように！

「私たちは探究をやめることなく、
すべての探究の終わりは
出発地に到着するだろう。
そしてそこを初めての場所だと知る」

T・S・エリオット

謝辞

この本をスコッティーズとスプラッシュにいる人たちに捧げます。光栄なことに何人かは二十五年以上に渡っての知人でいてくれていますが、中でも二人のとても素晴らしい女性の継続的なサポートがなければ、私は確実にもがき続けていたでしょう。

まず私の愛する妻のジャッキー・スカーセロは、神ですら取り除くのを嫌がった私のあらゆる欠点と人格的欠陥の矢面に立ってくれています。愛おしい彼女の存在は、私たちのクレージーで素晴らしい生活の中の偉大な祝福です。彼女のサポートはいくら感謝しても感謝し足りません。

そしてドーン・サルヴァは、書き手の私と読者のあなたの両者にとっての源からの贈り物です。彼女の編集者としての感受性と技量に加え、主題への深い理解は、計り知れないほど多くのものを与えてくれました。彼女の限りない愛は、私とあなたのいずれをも傷付けることはありません。

私のかけがえのない最も古い友人であるビル・クリーブランドは、長い間私と共に歩んでくれました。彼は飽く無きカルマヨギであり、献身の道に身を捧げています。彼の洞察はこの本のそこかしこに見出されるので、喜んで彼に敬意を表します。

リー・スカントリンはこの飲んだくれと最初からずっと一緒にいてくれました。彼が私の人生に現れたことは、その後の私の進化を促進させてくれ、その洞察の幾つかはこの本にも記載されています。

私と「生ける教え」への、ナチョ・ファガルドの愛とサポートに改めて深く感謝します。この本の多くの作業は、寛大にも彼が提供してくれた静かで安らかな空間で進められました。

スティーブン・ホエル、トール・キャシー、ランボー、バラ、四人の感想や意見のおかげで、原稿が確かなものになったことに心から感謝します。校正者のジョアン・フランツ・ムーア、ヘイディ・サインフェルド、リー・スカントリン、彼らは誤植を見つける貴重な存在で、句読法は科学ではなく芸術だという私の確信を強固にしてくれました（誤植よりもコンマに気を付けるべきだと考える人がいたら手を挙げて欲しい）。

アドヴァイタ・フェローシップとそのメンバー全員が、私たちに衣食住などの財政的なサポートをしてくれたことに特別な感謝を表します。私が金持ちになり、太り、「教え」からも離れたと中傷する人たちがいますが、太ったとしても、私は金持ちという部分では遥か彼方にいます。

最後になりましたが、しかし間違いなく重要な存在のレベッカ、彼女は私の混沌にとても必要な秩序をもたらす手伝いをしてくれました。

そうそう、それからレナード、チケットをありがとう。

訳者あとがき

依存症とは言わないまでも、悪癖や衝動(例えば、一日中SNSが気になったり、自分や他者へのダメ出しが止められなかったり)が、誰しも一つはあり、それを変えたくて悪戦苦闘したり諦めたり果ては居直ったりしているのではないでしょうか。

本書は、『AA』の12のステップという方法を、非二元の「生ける教え」の視点から描くことで、私たちの悪癖や衝動の活用方法を惜しみなく開示し、それらが各自の目覚めへの道標へとなり、他者へのギフトともなるという福音《グッドニューズ》を伝えています。

ところで前述の12のステップは日本人には(訳者も含め)あまり馴染みのないものですが、自分が悪癖や衝動を持っているという自覚さえあれば、本書を活用するのに支障をきたすことはありません。

加えて、著者のウェイン・リカーマンは、自らの飲酒やドラッグへの依存とその後の二度に渡るある種の劇的な覚醒や、彼の師のラメッシ・バルセカールとのやりとりなどを興味深く分かち合ってくれます。それらは私たちの体験(悪癖や衝動を含む)と照らし合わせる材料となり、本書を活用して各自の目覚めの道を歩む際の糧となることでしょう。

では著者は、私たちが本書をどう活用することを望んでいるのでしょう。

ポイントは、著者が名付ける「作者錯覚」を直接体験する方法を明示している箇所（「著者が「決定的に重要」と述べている）にあるのかも知れません（P39〜40参照）。

この方法により、「作者錯覚」に気付き、その理解を育むことが「起きていること」をそのまま受け入れる有効な第一歩となるのでしょう。

それに、ステップは懇切丁寧に目的地へ導くように設計されているので、記載されている手段を順を追いながら実際に使い試すことで、無力の道の最後であり同時にスタート地点である「今ここに」へと、私たちを導いてくれることでしょう。

最後になりましたが、本書が出版されるに際して、これまで様々な面で成長のサポートして下さったすべての人たちに心から感謝を捧げます。特に、丹念にチェック訂正をして下さった編集の川満さん、本書を紹介し翻訳のチャンスを与えて頂いた今井社長のお二方には改めて深く感謝を申し上げます。

二〇二〇年一月二十日

阿納仁益

28：『老子道徳経』（ジア - フー・フェン、ジェイン・イングリッシュ、ビンテージブックス版、1989、P3
29：アルコーホリクス・アノニマス第４版（New York City: Alcoholics Anonymous World Services, Inc , 2001-12) P83-84（日本語版 P120～121）
30：同上 P76（同上 P109）
31：同上 P87-88（同上 P126）
32：同上 P85（同上 P123）
33：同上 P63（同上 P91）
34：“NO WAY FOR for the Spiritually 'Advanced”（未邦訳）ラム・ツー（ウェイン・リカーマン）、アドヴァイタプレス、1990 、P94
35：アルコーホリクス・アノニマス第４版（New York City: Alcoholics Anonymous World Services, Inc , 2001-12) P63（日本語版 P91）
36：『意識に先だって』ニサルガダッタ・マハラジ、ジーン・ダン編、ナチュラルスピリット、P340
37：ラマナ・マハルシ　「ラマナ・マハルシの教え」シャンバラ　P67
38：同上 P64
39：アルコーホリクス・アノニマス第４版（New York City: Alcoholics Anonymous World Services, Inc , 2001-12) 付録２　P568（日本版 P571）
40：著作権　The AA Grapevine,Inc
41：アルコーホリクス・アノニマス第４版（New York City: Alcoholics Anonymous World Services, Inc , 2001-12)　P83 付録２ P83（日本語版 P119）
42：同上 12 の伝統 P562（同上 P568）
43：同上 P62（同上 P91）

日本語版『アルコホーリクス・アノニマス』は、下記の団体から発売されています。

NPO 法人　ＡＡ日本ゼネラルサービス（JSO）
〒 171-0014 東京都豊島区池袋 4-17-10 土屋ビル３Ｆ
Tel：03-3590-5377 Fax.03-3590-5419
ホームページ：https://aajapan.org/

巻末注

1：アルコーホリクス・アノニマス第３版（New York City: Alcoholics Anonymous World Services, Inc , 1976-2001) P88
2：アルコーホリクス・アノニマス第３版（New York City: Alcoholics Anonymous World Services, Inc , 1976-2001)
3：アルコーホリクス・アノニマス第４版（New York City: Alcoholics Anonymous World Services, Inc , 2001-12) P164
4：同上 P61（日本語版 P88）
5：同上 P30（同上 P45）
6：同上 P31（同上 P46）
7：同上 P59（同上 P85）
8：同上 P61 第四版に寄せて P24（同上 P30）
9：同上 P45（同上 P66）
10：同上 P46（同上 P69）
11：同上（同上）
12：同上 P60（同上 P87）
13：同上 P62（同上 P90）
14：同上（同上）
15：同上（同上 P91）
16：同上 P58（同上 P84）
17：同上 P62（同上 P90）
18：同上 P64（同上 P93）
19：同上 P68（同上 P99）
20：同上 P83（同上 P119）
21：同上 P75（同上 P108）
22：同上（同上）
23：同上（同上）
24：同上（同上）
25：同上（同上）
26：同上（同上）
27："NO WAY for the Spiritually 'Advanced" （未邦訳）ラム・ツー（ウェイン・リカーマン）、アドヴァイタプレス、1990 、P47

■ 著者
ウェイン・リカーマン（Wayne Liquorman）
16歳から35歳まで生きるために自分の力であらゆることをしてきた。その結果、あわや死ぬところだったが、これを書いている今は本当に生き生きして、かつてはそうだったと書くことができる幸せを感じている。ウェインと呼ばれているこの存在が、個人の力の感覚を一切持たずにすべてであるものの不可欠な一部として生きているのが奇跡的だとも感じている。今の彼にとっては、当たり前と驚異は一つで同じものであり、同様にスピリチュアルと物質性、自分と他人も同じだという。
“NO WAY for the Spiritually ‘Advanced’”、“Acceptance of What IS”、“Never Mind”、“Enlightenment is not what you think” など多数の著書がある。
ホームページ　https://www.advaita.org

■ 訳者
阿納仁益（アノニマス）
幼少の頃より精神世界に興味を持ち、大学在学中に非二元の世界に深い関心を抱く。会社勤めを経て、現在に至る。
本書に関しては、12のステップの匿名性の主旨などを踏まえ、阿納仁益（アノニマス）という筆名で翻訳を行う。

無力の道

アドヴァイタと 12 ステップから見た真実

•

2020 年 10 月 26 日 初版発行

著者／ウェイン・リカーマン

訳者／阿納仁益

編集・DTP ／川満秀成

発行者／今井博揮

発行所／株式会社ナチュラルスピリット
〒 101-0051 東京都千代田区神田神保町 3-2 高橋ビル 2 階
TEL.03－6450－5938 FAX.03－6450－5978
E－mail：info@naturalspirit.co.jp
ホームページ https://www.naturalspirit.co.jp/

印刷所／中央精版印刷株式会社

ISBN978-4-86451-348-7 C0010

●新しい時代の意識をひらく、ナチュラルスピリットの本

プレゼンス
第1巻／第2巻

ルパート・スパイラ 著
［第1巻］溝口あゆか 監修／みずさわすい 訳
［第2巻］高橋たまみ 訳

ノンデュアリティのティーチャーによる、深遠なる探求の書。今、最も重要な「プレゼンス」（今ここにあること）についての決定版。定価 本体［第1巻 二一〇〇円／第2巻 二二〇〇円］＋税

早く死ねたらいいね！

リチャード・シルベスター 著
村上りえこ 訳

非二元の痛快なる一書！ 人はいない。誰もいない。すべては意識。タイトルは著者がトニー・パーソンズから受けた祝福の一言。
定価 本体一四〇〇円＋税

カシミールの非二元ヨーガ
聴くという技法

ビリー・ドイル 著
古閑博丈 訳

カシミールの伝統的ヨーガを発展させたジャン・クライン直伝の技法が心身の緊張と収縮を解き放ち、非二元に目覚めさせる！
定価 本体一七〇〇円＋税

Journey Into Now
「今この瞬間」への旅

レナード・ジェイコブソン 著
今西礼子 訳

「悟り」は「今この瞬間」にアクセスすることによって起こる。西洋人の覚者が語るクリアー・ガイダンス。
定価 本体二〇〇〇円＋税

サイエンス・アンド・ノンデュアリティ アンソロジー2 DVD
科学と古代の叡智の合致するところを探求する！

サイエンス・アンド・ノンデュアリティ・カンファレンス 編
本田法子／河井麻祐子 訳

先鋭の科学者、現代の神秘家、著者、そしてティーチャーなど23人の会話を集成した画期的なDVD！ 圧倒的なボリュームの3枚セット！ 日本語字幕つき。
定価 本体一二〇〇〇円＋税

誰が夢のバスを運転している？ DVD

ボリス＆クレア・ヤンシュ夫妻 制作

インサイト・フィルム・フェスティバル最優秀賞のドキュメンタリー作品。著名な覚者たちにインタビューする、スピリチュアルな探求の旅に出ます。
定価 本体三二〇〇円＋税

バタ足ノンデュアリティ

金森 将 著

「私はいない」はチャーハンづくりの中に隠されていた！ 元サーファー・現ケーキ店オーナーが軽妙に語ります。ノンデュアリティは自由への切符！
定価 本体一五〇〇円＋税